Ulrike Kleiner

Lebensmittelhygiene in der Hauswirtschaft

Verlag Neuer Merkur GmbH

Bibliografische Informationen der Deutschen Nationalbibliothek
Die Deutsche Nationalbibliothek verzeichnet diese Publikation in der Deutschen Nationalbibliografie; detaillierte bibliografische Daten sind im Internet über http://dnb.ddb.de abrufbar.

Verlagsort: Postfach 12 53, DE-81241 Planegg

Ulrike Kleiner
Lebensmittelhygiene in der Hauswirtschaft
ISBN 978-3-95409-047-1

Konzeption, Umschlaggestaltung und Layout: Dagmar Papić • Lektorat: Ulrich Bartel
Druck: Elanders GmbH, Waiblingen
Titelfotos: © moigram; © leszekglasner/Fotolia und © StockphotoVideo/Fotolia

Vorwort

Täglich werden in Deutschland Millionen von Menschen über die Außer-Haus-Verpflegung und hier besonders über die Gemeinschaftsverpflegung mit Speisen versorgt. Unter Gemeinschaftsverpflegung versteht man jede spezifische Form des Herstellens, Behandelns und Abgebens von Speisen und Getränken zur Verpflegung von Verbrauchergruppen, unabhängig vom Zweck der Gewinnerzielung (DIN 10506, 2018). Betrachtet man in dem Zusammenhang allein den hohen Anteil von über 19 Millionen in Krankenhäusern zu versorgenden Patienten und von knapp zwei Millionen Personen in Vorsorge- und Rehabilitationseinrichtungen (Zahlen aus dem Jahr 2014, nach BÖLTS, 2015), dann wird das Ausmaß dieser Verpflegung deutlich. Dabei sind soziale Einrichtungen, die Mahlzeiten herstellen und/oder bereitstellen, gleichermaßen gefordert wie gewerbliche Küchen, die als Einzelunternehmen tätig sind, die einschlägigen Anforderungen zur Lebensmittelsicherheit und Hygiene einzuhalten. Immer noch werden in Deutschland jährlich zirka 200.000 durch Lebensmittel verursachte Krankheitsfälle (offiziell) gemeldet; das unterstreicht die Notwendigkeit der Einhaltung dieser Forderungen. Anfällig sind besonders Kinder, Schwangere, ältere und Abwehr geschwächte Menschen („YOPIs"), die ja einen Großteil der über die Gemeinschaftsverpflegung verpflegten Personen ausmachen.
Dieses Buch soll den Verantwortlichen für die Speisenzubereitung, -behandlung oder -abgabe in allen Einrichtungen der Gemeinschaftsverpflegung das notwendige Hintergrundwissen zum hygienegerechten Umgang mit Lebensmitteln vermitteln und eine Hilfe sein, den täglichen Anforderungen zur Lebensmittelsicherheit und Hygiene gerecht zu werden. Dabei spielt die Verpflegung für Kinder, Jugendliche, Senioren und für weitere besonders empfindliche Personengruppen, in Sozialstationen sowie Kranken-, Pflege- und Rehabilitationseinrichtungen eine wichtige Rolle. Dafür werden sowohl lebensmittelhygienische Grundlagen erläutert als auch praktische Hinweise für die Umsetzung der Hygiene-

anforderungen im Betrieb gegeben. Weiterführende Literatur soll dem Anwender das Nachschlagen erleichtern.

Darüber hinaus kann dieses Buch in allen Fach- und Berufsausbildungen, die sich mit Ernährung und Hauswirtschaft befassen, als Lehrbuch verwendet werden. Auch für Studierende der Ökotrophologie bietet das Buch, ähnlich einem Kompendium, kompaktes, anwendungsbereites Wissen zur Lebensmittelhygiene, zum Hygienemanagement und Eigenkontrollsystem in Lebensmittelbetrieben.

Britz, März 2018

Inhalt

1 Grundlagen der Lebensmittelhygiene

1.1 Begriffe und gesundheitliche Anforderungen an Lebensmittel

Der Begriff Hygiene stammt aus dem Griechischen („Hygieia" = griechische Göttin der Gesundheit) und bedeutet so viel wie Gesundheitslehre. Im Zusammenhang mit der Hygiene beim Umgang mit Lebensmitteln gibt die europäische Lebensmittelhygiene-Verordnung der EU eine umfassende Definition. Nach Artikel 2 der Verordnung (EG) Nr. 852/2004 (VO [EG] Nr. 852/2004) versteht man unter (Lebensmittel-) Hygiene „Maßnahmen und Vorkehrungen, die notwendig sind, um Gefahren unter Kontrolle zu bringen und zu gewährleisten, dass ein Lebensmittel unter Berücksichtigung seines Verwendungszwecks für den menschlichen Verzehr tauglich ist."
Somit ist das oberste Ziel aller lebensmittelhygienischen Maßnahmen die Sicherung der gesundheitlichen Unbedenklichkeit der Lebensmittel. Als weitere Ziele der Lebensmittelhygiene sind die Sicherung der sensorischen und ernährungsphysiologischen Qualität der Speisen sowie der Schutz vor Täuschung und Irreführung des Verbrauchers zu nennen.

1.2 Lebensmittelsicherheit und Hygiene

Die Gewährleistung der Lebensmittelhygiene ist ein wichtiger Teilaspekt der Lebensmittelsicherheit. Die Forderung nach der Herstellung sicherer Lebensmittel ist durch die aktuelle EU-Gesetzgebung immer mehr in den Fokus gerückt. Lebensmittel, die nicht sicher sind, dürfen nicht hergestellt und in den Verkehr gebracht werden. Dabei gelten diese als nicht sicher, wenn sie gesundheitsschädlich oder für den Verzehr durch den Menschen ungeeignet sind (Artikel 14 der VO [EG] Nr. 178/2002).

Als Hauptursache von Erkrankungen des Verbrauchers nach dem Verzehr von Lebensmitteln gelten mikrobielle Infektionen und Intoxikationen. Die jährlich durch das Robert Koch-Institut (RKI) veröffentlichten Zahlen der nach Infektionsschutzgesetz (IfSG, 2000) gemeldeten Fälle an Darminfektionen in Deutschland (immer noch zirka 200.000 Fälle pro Jahr) und die großen lebensmittelbedingten Krankheitsausbrüche der letzten Jahre sind ein deutlicher Beweis dafür. So sei in diesem Zusammenhang auf die EHEC-Epidemie 2011 in Deutschland verwiesen, bei der 3.842 Erkrankungen auftraten, davon mehr als 20 % mit schwerem HUS-Syndrom, wobei 53 Todesfälle zu beklagen waren (RKI, 2011). Ein weiteres Indiz ist ein großer Gastroenteritis-Ausbruch durch Noroviren in Einrichtungen mit Gemeinschaftsverpflegung 2012. In fünf Bundesländern kam es zu 10.950 Erkrankungsfällen in 390 Einrichtungen, wovon zu 95 % Schulen und Kindertagesstätten betroffen waren (RKI, 2012). Als Ursache dieses lebensmittelbedingten Ausbruchs wurde eine Charge Tiefkühlerdbeeren ermittelt, die in Desserts verarbeitet worden war und im Rahmen der Gemeinschaftsverpflegung ausgegeben und verzehrt worden ist.
Dabei sind gemäß Weltgesundheitsorganisation WHO (World Health Organization) immer wieder einige wenige Hauptfehler bei der Hygiene im Umgang mit Lebensmitteln weltweit für den Ausbruch von Lebensmittelinfektionen und -vergiftungen verantwortlich zu machen (WHO, 2016):

- Speisenzubereitung viele Stunden vor deren Verzehr im Zusammenhang mit Lagertemperaturen, die das Wachstum von Krankheitserregern und/oder der Ausbildung von Toxinen begünstigen
- unzureichende Erhitzungs- oder Reerhitzungsprozesse, sodass Krankheitserreger nicht abgetötet werden
- Kreuzkontaminationen (Trennung „unrein/rein“ unzureichend)

- Personen mit einer unzureichenden Personalhygiene handhaben das Lebensmittel

Als die sieben Grundregeln der Hygiene beim Umgang mit Lebensmitteln gelten (Abbildung 1.1):

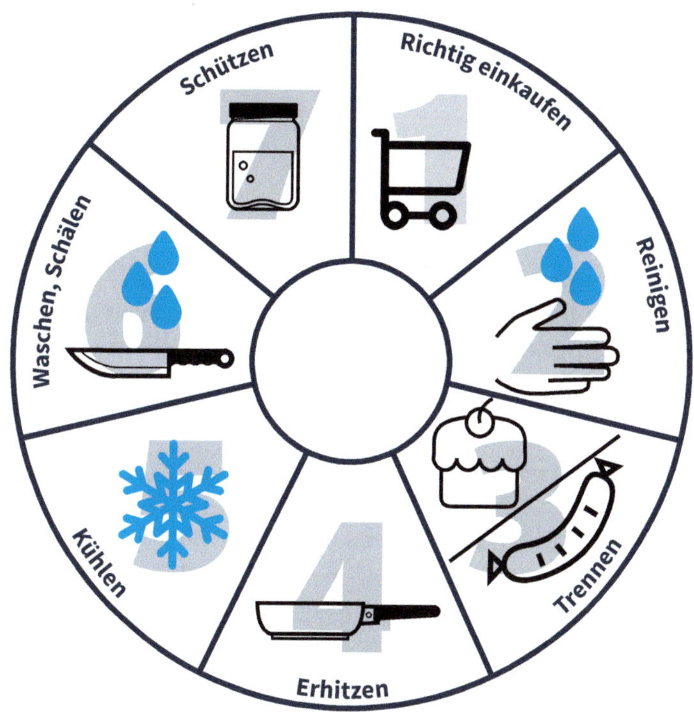

Abb. 1.1 Sieben Grundregeln der Lebensmittelhygiene

Regel 1: Richtig einkaufen
→ Lebensmittel sorgfältig einkaufen, ggf. kühlen

Regel 2: Reinigen
→ Hände, Oberflächen, Geräte, Geschirr: regelmäßig reinigen und desinfizieren

Regel 3: Trennen
→ Keimübertragung vermeiden!!
Regel 4: Erhitzen
→ Speisen gründlich durchgaren
Regel 5: Kühlen
→ leicht verderbliche Lebensmittel kühlen oder einfrieren
Regel 6: Waschen, Schälen, Blanchieren
→ Keime an Obst und Gemüse durch Waschen beseitigen
Regel 7: Schützen
→ Schutz vor Schädlingsbefall

Somit gilt es, in allen Bereichen der Speisenherstellung, -zubereitung und -abgabe hygienisch einwandfrei zu arbeiten und zur Gewährleistung der gesundheitlichen Unbedenklichkeit der Speisen kritische Lenkungs-(Kontroll)punkte (CCP) im Rahmen des HACCP-Konzepts zur sicheren Lenkung des Prozesses zu implementieren.

1.3 Gesundheitliche Gefahren (Überblick)

Erkrankungen durch gesundheitsschädliche Eigenschaften des Lebensmittels können beim Verbraucher durch biologische, chemische und physikalische Ursachen im Lebensmittel ausgelöst werden. Die Abbildung 1.2 enthält einen Überblick zu den Hauptgefahren und anschließend befinden sich dazu in Tabelle 1.1 einige Beispiele.
Die größte Bedeutung als Auslöser von lebensmittelbedingten Erkrankungen haben nach wie vor Krankheitserreger, was als Gefahr jedoch häufig vom Verbraucher unterschätzt wird. Diese Erkenntnis zu den verkannten Lebensmittelrisiken durch Krankheitserreger wurde auch durch eine Umfrage der Europäischen Behörde für Lebensmittelsicherheit aus dem Jahre 2010 bestätigt, die durch das Eurobarometer der europäischen Kommission (EU – ESFA, 2010) veröffentlicht wurde. Während 19 % aller Befragten die chemischen

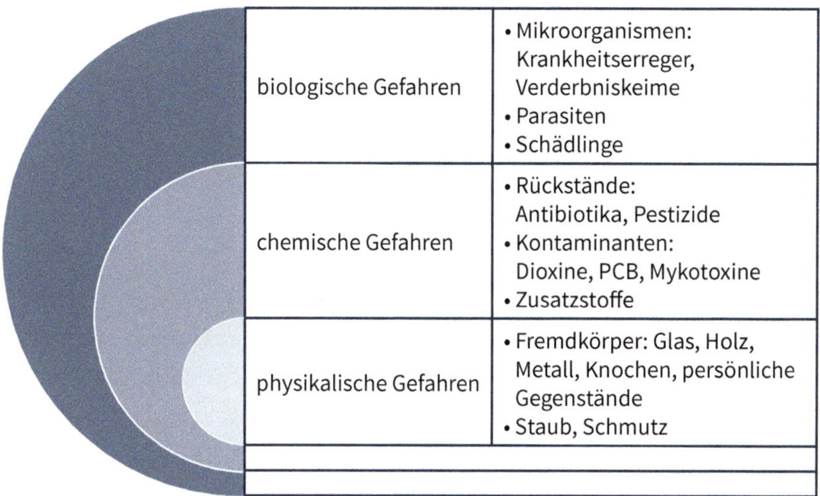

Abb. 1.2 Überblick gesundheitliche Gefahren

Tab. 1.1 Beispiele von Gefahren für die Lebensmittelsicherheit

	Biologische Gefahren	**Chemische Gefahren**	**Physikalische Gefahren**
Fleisch, Geflügelfleisch, Wurst	Krankheitserreger	Antibiotika Hormone	Knochen- und Metallsplitter
Milch, Käse	Krankheitserreger	Antibiotika, Dioxin, Melamin	sonstige Fremdkörper
Fisch	Krankheitserreger	Antibiotika, Dioxin	
Eier	Krankheitserreger	Nikotin, Dioxin	
Babynahrung	GVO (Gen-Soja)		
Obst, Gemüse	Krankheitserreger	Pestizide, Acrylamid	
Gewürze	Krankheitserreger	Farbstoffe	Steinchen

Gefahren durch Lebensmittel an erster Stelle sehen, wurden mikrobiologische Gefahren nur von 12 % als Risiko eingeschätzt.

1.4 Mikrobiologische Gefahren

1.4.1 Grundkenntnisse Mikrobiologie

Arten und Eigenschaften von Mikroorganismen
Mikroorganismen sind mikroskopisch kleine Lebewesen, die mit dem bloßen Auge nicht sichtbar sind. Man braucht dafür ein Mikroskop. Das Wort stammt aus dem Griechischen und bedeutet „mikros“ = klein und „organon“ = Organ = Lebewesen. Zu den Mikroorganismen in Lebensmitteln gehören Bakterien, Schimmelpilze und Hefen. Nach ihrem Färbeverhalten zur mikroskopischen Darstellung unterscheidet man bei den Bakterien grundsätzlich grampositive von gramnegativen. Außerdem können Viren eine Rolle spielen, die jedoch keine echten Lebewesen sind, weil sie für ihre eigene Vermehrung eine andere lebende Zelle benötigen. Mikroorganismen sind in der Natur weit verbreitet; sie kommen überall vor, so im Boden, Abwasser, Abfall oder aber im Wasser und in der Luft. Natürlich kommen sie auf und in Lebewesen (Menschen, Tieren) und Pflanzen vor. Die meisten Mikroorganismen sind zur Deckung ihres Energie- und Kohlenstoffbedarfs an organische Substanzen gebunden. Zu den schädlichen Mikroorganismen gehören parasitische Formen, die lebende Gewebe zerstören und als Erreger verschiedener Infektionskrankheiten Mensch, Tier und Pflanze befallen.
Während die schädlichen Wirkungen der Mikroorganismen im Rahmen der Lebensmittelhygiene im Vordergrund des Interesses stehen, sei aber auch auf ihre nützlichen Funktionen hingewiesen. Dazu gehört die bewusste Nutzung der Stoffwechselleistungen beispielsweise bei der Herstellung von alkoholischen Getränken wie Wein, Bier, Sekt, der Herstellung von Milchprodukten wie Butter, Käse, Joghurt,

der Herstellung von Backwaren oder der Herstellung von Rohwurst, Sauerkraut, Silage etc.

Wachstum und Vermehrung von Bakterien
Die meisten Bakterien benötigen zum Überleben organisches Material wie etwa Eiweiße und Kohlenhydrate sowie Wasser, Luftsauerstoff zum Atmen und Temperaturen um 30–40 °C. Sie vermehren sich durch Zellteilung und bei günstigen Wachstumsbedingungen können sie sich in einer konstanten Zeitspanne, zum Beispiel alle 15–20 min (= Generationszeit oder Verdopplungszeit), teilen, wobei sich ihre Population dann immer verdoppelt. In Tabelle 1.2 sieht man, wie so aus einem Keim in wenigen Stunden Millionen Keime werden können.

Tab. 1.2 Bakterienvermehrung bei einer Generationszeit von 15 min

Zeit	Keime
0 min	1
15 min	2
30 min	4
45 min	8
1 h	16
2 h	256
3 h	4.096
4 h	65.536
5 h	1.048.576

Die wichtigsten Faktoren, die Bakterien in Wachstum und Vermehrung beeinflussen, sind neben den Nährstoffen als Lebensgrundlage der pH-Wert, der a_w-Wert (= das frei verfügbare Wasser im Substrat) sowie die Temperatur und die Anwesenheit von Sauerstoff.

Die Bakterien unterscheiden sich jedoch in ihrem Temperaturverhalten und in ihrem Sauerstoffbedarf. Nach ihren Temperaturansprüchen lassen sie sich wie folgt einteilen (s. auch Tabelle 1.3):

psychrophile Bakterien: kälteliebende Bakterien, haben sich an kühlere Temperaturen adaptiert und wachsen am besten zwischen 12 °C und 15 °C und nicht mehr bei Temperaturen über 20 °C
→ relativ wenig Bakterienarten
psychrotrophe Bakterien: kältetolerante Bakterien, wachsen am besten zwar im mesophilen Bereich bei 25–30 °C, können sich aber auch noch bei Temperaturen unter 5 °C (Kühlschrank) vermehren
→ es gehören viele Verderbniserreger dazu
mesophile Bakterien: mittlere Temperaturen liebend, wachsen am besten bei 30–40 °C
→ **die meisten Bakterien**, so auch die meisten Lebensmittelvergifter
thermophile Bakterien: wärmeliebende Bakterien, wachsen am besten zwischen 55 °C und 75 °C
→ relativ wenig Bakterienarten

Tab. 1.3 Temperaturansprüche von Bakterien (in Anl. an KRÄMER und PRANGE, 2017)

	Temperatur °C		
Keimgruppe	*minimal*	*optimal*	*maximal*
psychrophile Bakterien	-5 bis 5	12 bis 15	15 bis 20
psychrotrophe Bakterien	-5 bis 5	25 bis 30	30 bis 35
mesophile Bakterien	5 bis 15	30 bis 40	35 bis 47
thermophile Bakterien	40 bis 45	55 bis 75	60 bis 90
gutes Wachstum für alle!!	**zwischen 10 °C und 60 °C gefährlichste Temperatur !!**		

Gemäß ihrem unterschiedlichen Sauerstoffbedarf unterscheidet man bei den Bakterien folgende Gruppen:

aerobe Bakterien:	wachsen nur, wenn Luftsauerstoff vorhanden ist → die meisten Bakterien
anaerobe Bakterien:	wachsen nur, wenn kein Luftsauerstoff vorhanden ist
fakultativ anaerobe Bakterien:	können mit und ohne Sauerstoff wachsen
mikroaerophile Bakterien:	wachsen nur bei vermindertem Luftsauerstoffgehalt

Zusammenfassend lässt sich feststellen, dass besonders günstig für Wachstum und Vermehrung fast aller Bakterien ist:

- gutes Nährstoffangebot, vor allem Eiweiß
- Anwesenheit von Sauerstoff
- Temperaturen zwischen 10 °C und 60 °C
- hoher a_w-Wert (freies Wasser)
- neutraler pH-Wert

Allgemeines zu Viren

Viren sind viel kleiner als Bakterien und unterscheiden sich vor allem auch darin, dass sie sich nicht auf toter organischer Substanz, so auch nicht im Lebensmittel, vermehren können. Dazu benötigen Viren eine lebende Wirtszelle. In diese dringen sie zur Vermehrung ein und codieren den Stoffwechsel der Zelle so um, dass es zur Virusvermehrung kommt, wobei die Wirtszelle zerstört wird. Allerdings sind Lebensmittel und Wasser durchaus in der Lage, als Vehikel für die Übertragung von Viruspartikeln zu fungieren. Bestimmte Viren, namentlich die kleinen unbehüllten RNS-Viren, wozu auch das Norovirus gehört, zeigen eine erstaunlich hohe Widerstandsfähigkeit gegenüber Hitze oder Desinfektionsmitteln.

Widerstandsfähigkeit und Abtötung

Die meisten Bakterien sind empfindlich gegenüber hohen Temperaturen, Austrocknung und niedrigen pH-Werten. Eine Ausnahme dabei machen die Sporen bildenden Bakterien, die meist thermophil sind. Diese Bakterien sind in der Lage, unter ungünstigen Überlebensbedingungen Sporen auszubilden, die austrocknungs- und hitzeresistent sind. So können diese Bakterien durch ihre Sporen zum Beispiel Erhitzungsprozesse bis 100 °C überleben. Wenn die Umgebungsbedingungen wieder „normal" sind, dann bilden sich aus den Sporen wieder vegetative (lebende, sich vermehrende) Keime. Zu den Sporenbildnern gehören Clostridien als anaerobe und Bacillen als aerobe Keime. Sporen kommen natürlicherweise überall in der Natur vor: im Staub, in Schmutz und Erde, im Kot, im Gewässersediment usw., das heißt sie sind ubiquitär.

Tab. 1.4 Hitzewirkung auf Mikroorganismen

	Temperaturen	**Wirkung auf Mikroorganismen**
Sterilisation	121 °C	Abtöten aller Mikroorganismen, auch der Bakteriensporen
Pasteurisation	72–100 °C	Abtöten der meisten Bakterien und der meisten Viren, Hefen und Schimmelpilze
	über 65 °C	keine Vermehrung mehr

Die wichtigste Methode zur Abtötung von Mikroorganismen ist der Einsatz von Hitze. Der Abtötungseffekt ist von der Höhe der Temperatur und der Haltedauer abhängig; man unterscheidet die Pasteurisation von der Sterilisation. Pasteurisation findet bei Temperaturen unter 100 °C, meist bei Temperaturen um 72 °C, statt, und es überleben die Sporenbildner. Sterilisation findet bei Temperaturen über 100 °C, meist bei 121 °C statt, was zu einer völligen Keimfreiheit führt und somit auch die Sporen von Sporen bildenden Bakterien abtötet (Tabelle 1.4). Auch bei der Herstellung von Lebensmitteln stellt das **Erhitzen** die wichtigste Maßnahme zur Abtötung von Keimen dar. Somit weisen erhitzte Speisen generell geringere mikrobiologische Gefahren auf als unbehandelte Lebensmittel, wenn der Erhitzungsprozess korrekt war. Wenn dies nicht der Fall ist, können bestimmte Krankheitserreger, so etwa *Bacillus-cereus*-Keime, widerstandsfähige Dauerformen, also Sporen, ausbilden. Diese können beim unsachgemäßen **Heißhalten** der Speisen wieder zu vegetativen Keimen auskeimen und so zur Bildung von gefährlichen Toxinen (Giften) im Produkt führen. Dadurch kann eine akute Lebensmittelvergiftung, verbunden mit Durchfall oder Erbrechen, entstehen. Der Einfluss von Temperaturen auf Mikroorganismen geht aus Abbildung 1.3 hervor.

> 100 °C	Abtöten aller Mikroorganismen, auch der Bakteriensporen
100 °C	Abtöten von Bakterien, Hefen und Schimmelpilzen
65 – 75 °C	Heißhalten = hitzeempfindliche Keime sterben ab, keine Vermehrung mehr
< 60 °C > 10 °C	**massenhafte Keimvermehrung**
10 °C	langsame Keimvermehrung
0 – 4 °C	kaum noch Keimvermehrung
-18 °C	keine Keimvermehrung

Abb. 1.3 Temperaturwirkung auf Mikroorganismen

Übertragungsmöglichkeiten

Krankheitserreger werden häufig aerogen (über die Luft) als Tröpfcheninfektion über Niesen und Husten oder oral-alimentär über Nahrung und Getränke (Trinkwasser) sowie fäkal-oral (über Kot in den Mund) übertragen. Häufig findet auch eine „Schmierinfektion“ statt, das heißt, eine Infektion erfolgt über Kontakt, etwa beim Händeschütteln. Die Erreger können dabei beispielsweise im Schmutz, Kot oder Eiter sein.

Vorkommen in Lebensmitteln

Mikroorganismen können als Fermentationskeime oder Starterkulturen in Lebensmitteln erwünscht sein, wenn sie für die Lebensmittelherstellung benötigt werden.
Im Rahmen lebensmittelhygienischer Maßnahmen geht es aber darum, dass keine unerwünschten Keime im Lebensmittel vorhanden sind. Das können Krankheitserreger oder Verderbniskeime sein (Abbildung 1.4).

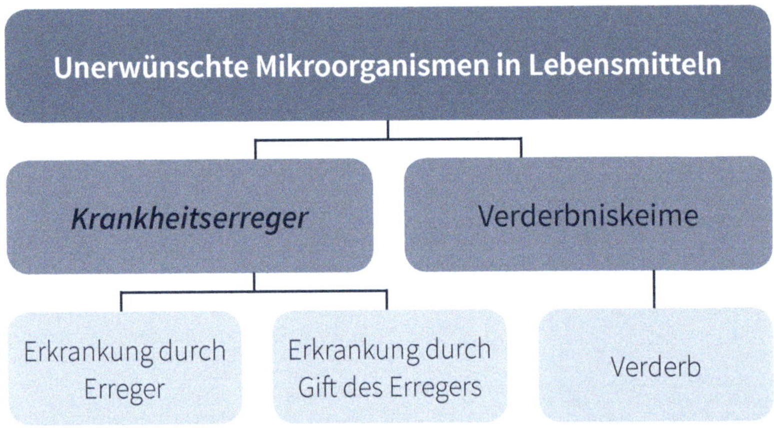

Abb. 1.4 Unerwünschte Mikroorganismen in Lebensmitteln

Mikroorganismen als Krankheitserreger

Bakterien können Lebensmittelinfektionen und -vergiftungen auslösen; Infektionen werden durch die Mikroorganismen selbst, Vergiftungen durch die von ihnen gebildeten Toxine (Gifte) ausgelöst. **Lebensmittelinfektionen** werden von Krankheitserregern hervorgerufen, die mit den Speisen oder Getränken (Wasser!) aufgenommen werden und sich im Menschen vermehren und ausbreiten. Dabei siedeln sie sich in verschiedenen Organsystemen, vorwiegend im Magen-Darm-Trakt an, wo sie entsprechende Krankheitserscheinungen auslösen können. Am weitesten verbreitet sind Salmonellen und Campylobacter-Keime, am gefährlichsten sind EHEC-Keime. Sie geraten fast immer durch eine fäkale Kontamination in das Produkt. Die Erreger kommen beim Tier (oder Menschen) vor und können über das Lebensmittel sogenannte Zoonosen beim Menschen auslösen. Dabei handelt es sich vom Tier auf den Menschen übertragbare Infektionskrankheiten.

Mikrobielle Lebensmittelvergiftungen, auch Lebensmittelintoxikationen genannt, werden durch Toxine verursacht, die vom Krankheitserreger im Lebensmittel oder im Darm des Menschen gebildet werden. Die Toxine bilden sich in der Regel nach der Vermehrung der Keime und sind besonders gefährlich, wenn sie hitzestabil sind. Das bedeutet, dass in einer erhitzten Speise der (hitzelabile, das heißt hitzeempfindliche) Erreger abgetötet sein kann, aber die vorher von ihm gebildeten Toxine voll aktiv sind. Gefährdet sind besonders **erhitzte Lebensmittel,** bei denen Sporen von Sporen bildenden Bakterien überlebt haben und zur Toxinbildung führen. Die Erreger stammen vor allem aus dem Erdboden, Schmutz, Staub und Gewässersediment der Umgebung oder auch Kot und werden durch eine Schmutz- oder Schmierkontamination übertragen. Darüber hinaus gibt es auch Staphylokokkentoxine, die von Eitererregern beispielsweise im Eis oder in roheihaltigen Speisen gebildet werden können. Die Erreger stammen fast immer vom Menschen und werden durch eine Schmierinfektion oder eine aerogene Tröpfcheninfektion übertragen.

Abschließend ist noch zu bemerken, dass ein Besiedeln der Lebensmittel mit Krankheitserregern oder deren Giften zu keinerlei wahrnehmbaren Veränderungen am/im Lebensmittel führt, sodass sensorisch nichts feststellbar ist.

Mikroorganismen als Verderbniserreger

Bakterien und Schimmelpilze können zum Verderb von Lebensmitteln führen, wodurch Lebensmittel in Qualität und Haltbarkeit nachteilig beeinflusst werden und nicht mehr verkehrsfähig sind. Die Grenzen bei den mikrobiologischen Ursachen verlaufen dabei zum Teil fließend, weil pathogene (krank machende) Keime einerseits Lebensmittelvergiftungen, andererseits Lebensmittelverderb auslösen können. Mikrobiologisch verdorbene Lebensmittel lassen sich ab einem bestimmten Verderbnisgrad sensorisch wahrnehmen. Sie weisen Veränderungen im Aussehen, in der Konsistenz sowie im Geruch und Geschmack auf.

Lebensmittel, die mikrobiologisch leicht verderben, werden als „leicht verderbliche Lebensmittel“ bezeichnet. Dabei handelt es sich um Lebensmittel, die ohne Kühlung, Erhitzung oder eine andere Konservierungsmethode rasch (mikrobiologisch) verderben können.

Kontaminationsquellen

Bakterien kommen überall vor und können daher auch über die verschiedensten Kontaminationsquellen (Kontamination = Besiedlung) in die Nahrungskette eingetragen werden. Als Hauptkontaminationsquellen gelten in diesem Zusammenhang (siehe auch Abbildung 1.5):

- unhygienische Prozesse bei der Lebensmittelgewinnung wie Schlachtung, Milchgewinnung, Ernte etc. → so können viele Keime besonders aus dem Bereich Kot, Fäkalien, Fellhaut, Erdboden usw. das Lebensmittel besiedeln
- Personen (vor allem über fäkal verschmutzte Hände, Niesen, eitrige Wunden!)
- Pflanzen
- Erdboden, Wasser, Abwasser
- Luft

- Lebensmittel (vor allem fäkal verschmutzte Rohwaren etc.)
- Lebensmittel-Zusatzstoffe
- Maschinen, Geräte, Gegenstände
- Verpackungsmaterial
- lebende Vektoren (Organismen, die Krankheiten von Wirt zu Wirt übertragen) wie etwa Insekten, Nager

Die Übertragung der Keime auf das Lebensmittel kann dabei direkt oder indirekt zum Beispiel über Maschinen, Arbeitsgeräte und Gegenstände erfolgen. Die Rolle des Menschen als Kontaminationsquel-

Tier	Fäkalien, Schmutz, Erde, Fell, Eiter
Mensch	Hände (Kot!), Niesen, eitrige Wunden
Pflanzen	Erde, Fäkalien, Schmutz, Staub
Abwasser	Fäkalien, Schmutz
Erdboden	Erde, Fäkalien, Schmutz
Luft	Staub, Tröpfchen

direkt oder indirekt → Lebensmittel → Lebensmittel

Abb. 1.5 Hauptkontaminationsquellen von Lebensmitteln

Körperstelle	Keimzahl
Kopfhaut	1,5 x 10^6/cm^2
Stirn	2,0 x 10^6/cm^2
Nasen-Rachen-Raum (Sekret)	10^6–10^7/ml
Hand	10^3–10^4/cm^2
Fingerkuppe	10^2/cm^2
Kot	10^{10}/g

Abb. 1.6 Keimbesiedlung des Menschen
(Angaben in koloniebildenden Einheiten [KbE])

le wird allein dadurch deutlich, dass er normalerweise schon mit sehr vielen Keimen besiedelt ist (Abbildung 1.6).
Wenn zu dieser natürlichen Besiedlung mit Mikroorganismen auch noch Krankheitserreger wie Salmonellen oder Eitererreger kommen, dann wird der Mensch zu einem gefährlichen Keimüberträger.
Dabei besteht ein großes Hygieneproblem, wenn von keimbelasteten Gegenständen oder Lebensmitteln, beispielsweise Lebensmittelrohwaren, Keime durch sogenannte Kreuzkontaminationen auf verzehrfertige Speisen übertragen werden. Als Rekontamination (= erneute Keimbesiedlung) bei bereits erhitzten verzehrfertigen Speisen sind solche Kreuzkontaminationen besonders gefährlich.

1.4.2 Bakterielle Infektionen

1.4.2.1 Enteritis-Salmonellen

Erreger und Vorkommen
Salmonellen sind gramnegative, aerobe bis fakultativ-anaerobe Bakterien, die mesophil wachsen und sie gehören zur Familie der *Enterobacteriaceae* (Darmbakterien). Sie sind thermolabil, also hitzeempfindlich, und sie werden bei Pasteurisationstemperaturen abgetötet. Alle Salmonellen sind pathogen und es gibt mehr als 2.500 Arten von Enteritis-Salmonellen (Serovare).
Ihr Hauptvorkommen ist der Darm von Mensch und Tier. Des Weiteren kommen sie im Boden, Abwasser sowie in Schädlingen (Ratten!) und auch auf Pflanzen vor.

Bedeutung
Salmonellen sind typische Zoonoseerreger. Die durch Enteritis-Salmonellen hervorgerufene Salmonellose des Menschen ist weltweit verbreitet; sie ist schlechthin **die** „klassische" Lebensmittelinfektion. Wenn sich zwar auch die Zahl der gemeldeten Salmonellose-Erkran-

kungen in Deutschland zwischen 2010 und 2015 jährlich halbiert hat, sind Salmonelleninfektionen nach wie vor besonders in den Sommermonaten nach *Campylobacter*-Keimen die häufigsten bakteriellen Auslöser von Darmerkrankungen (BfR, 2016). In Deutschland verursachten sie 2014 knapp 30 % aller gemeldeten lebensmittelbedingten Ausbrüche (BfR, 2015). Dabei versteht man nach HILLER (2010) unter einem „lebensmittelbedingten Krankheitsausbruch" das Auftreten einer mit demselben Lebensmittel in Zusammenhang stehenden oder wahrscheinlich in Zusammenhang stehenden Krankheit in mindestens zwei Fällen beim Menschen oder einer Situation, in der sich die festgestellten Fälle stärker häufen als erwartet.

Übertragungsweg

Salmonellen treten häufig in Nutztierbeständen auf und werden vor allem über den Kot und fäkale Verschmutzungen auf tierische Rohwaren übertragen. Das betrifft zum Beispiel Fleisch, Geflügelfleisch, Eier, Milch und Fisch oder Muscheln.

Auch pflanzliche Rohstoffe können mit Salmonellen belastet sein; diese stammen vor allem von Gülle und Abwässern aus der Tierhaltung, die zur Düngung oder Beregnung eingesetzt werden. Betroffen sind hier unter anderem Salate und Kräuter. Auch Gewürze können, vor allem bei Hygienemängeln in den Ernteländern, salmonellenhaltig sein. Aber auch der Mensch ist häufig Überträger von Salmonellen auf Lebensmittel. Mit dem Kot scheidet der an Salmonellose Erkrankte Salmonellen aus, auch noch einige Wochen nach der Genesung. Solche Personen bezeichnet man als Dauerausscheider. Folge davon kann die fäkale Kontamination der Lebensmittel über die Hände des Personals sein. Eine Übersicht der Übertragungswege bietet Abbildung 1.7.

Zusätzlich besteht natürlich immer die Gefahr, dass durch Kreuzkontamination salmonellenhaltige Rohwaren oder Gegenstände verzehrfertige Speisen mit Salmonellen besiedeln.

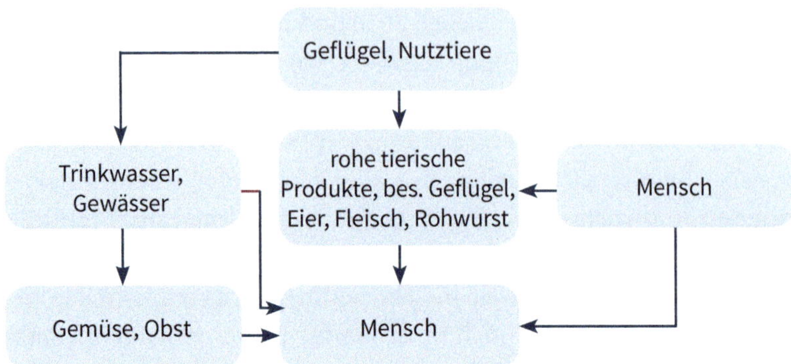

Abb. 1.7 Übertragung von Enteritis-Salmonellen

Infektionsquellen

Salmonellosen werden vor allem durch Eier und eihaltige Speisen sowie Fleisch und Fleischprodukte verursacht, die vor dem Verzehr nicht oder nicht ausreichend erhitzt worden sind. Weitere rohe Produkte wie Milch, Fisch und Muscheln, aber auch Gemüse (zum Beispiel Mischsalat, Sprossen), Kräuter und Gewürze sowie Obst zählen ebenfalls zu den Infektionsquellen. Durch ihre Ei- und/oder Milchanteile, aber auch über die Kontamination durch Personen können auch Mayonnaise, Speiseeis sowie nicht durchgebackene Konditoreiwaren zu einer Infektion führen.

Schlachtgeflügel stellt ebenfalls ein wichtiges Erregerreservoir dar, wobei von ihm weniger direkte Infektionsgefahren ausgehen (weil es ja durchgegart verzehrt wird). Vielmehr stellt rohes Geflügel eine gefürchtete Kreuzkontaminationsquelle für verzehrfertige Speisen dar (z. B. Schneiden von verzehrfertigen Speisen mit dem gleichen Messer oder auf dem gleichen Brett, auf dem vorher das rohe Geflügel bearbeitet wurde oder das weitere Zubereiten von Speisen mit nicht gewaschenen und desinfizierten Händen).

Symptome
Nach einer Inkubationszeit (= die Zeit, die zwischen Aufnahme der Krankheitserreger und Auftreten der ersten Krankheitsanzeichen vergeht) von wenigen Stunden bis zu zwei Tagen kommt es zu einer akuten Gastroenteritis (Magen-Darm-Entzündung). Typische Anzeichen sind Übelkeit, Bauchschmerzen, Durchfall, Erbrechen und meist auch Fieber (s. nachfolgender Überblick in Tab. 1.5).

Tab. 1.5 Das Wichtigste zu Salmonella spp. im Überblick

Erreger	*Salmonella* spp.
Eigenschaften	gramnegativ, aerob bis fakultativ anaerob, mesophil; thermolabil
Kontaminationsquellen	Kot, Faeces von Mensch und Tier
gefährdete Produkte	rohe bzw. nicht durchgegarte Fleisch- und Geflügelfleischprodukte, besonders Hackfleisch, Rohwurst rohe Eier und roheihaltige Speisen, Speiseeis, Rohmilch und -milchprodukte, roher Fisch und rohe Muscheln, Kräuter, Gewürze
Übertragung	Lebensmittel, Trinkwasser (alimentäre Infektion) Schmutz- und Schmierinfektion
infektiöse Dosis	10^5 KbE[1)]/g oder ml, bei empfindlichen Personen deutlich niedriger
Inkubationszeit	8 h bis 2 Tage
Symptome	Gastroenteritis: Übelkeit, Erbrechen, Bauchkrämpfe, Durchfall, meist Fieber

[1)]koloniebildende Einheiten

1.4.2.2 Campylobacter-Bakterien

Erreger und Vorkommen
Campylobacter-Keime sind gramnegative, mikroaerophile Bakterien, die thermophil wachsen. Ihre optimale Vermehrung findet bei 42 °C statt. Sie sind thermolabil und werden bei Pasteurisationstem-

peraturen abgetötet. Auch *Campylobacter*-Keime sind Zoonoseerreger; ihr Erregerreservoir ist das Nutz- und Wildtier, vor allem das Rind und Geflügel. Hinzu kommen Haustiere wie Hund und Katze.

Bedeutung
Campylobacter-Infektionen haben in den letzten Jahren weltweit zugenommen; sie sind auch in Deutschland inzwischen die Verursacher der am häufigsten gemeldeten bakteriellen Lebensmittelinfektionen. Bei der Ursachenermittlung der 2014 gemeldeten lebensmittelbedingten Ausbrüche in Deutschland lagen sie mit 12 % auf Rang 2 (BfR, 2015). Im Jahr 2015 entfielen ursächlich sogar 43 % der Krankheitsausbrüche mit hoher Evidenz (= starker Zusammenhang zwischen Erkrankung und ursächlichem Lebensmittel) auf Ausbrüche durch *Campylobacter*-Keime, wobei in allen Fällen nicht abgekochte Rohmilch das verursachende Lebensmittel war (RKI, 2017). So empfiehlt beispielsweise das Bundesinstitut für Risikobewertung (BfR) 2016 in einer Stellungnahme grundsätzlich das Abkochen von Rohmilch als Schutz vor *Campylobacter*-Infektionen (BfR, 2016).

Übertragungsweg
Die Keime befinden sich im Darm der Tiere (vor allem Rind und Geflügel) und bei einer fäkalen Verschmutzung der tierischen Rohwaren kommt es zu einer *Campylobacter*-Kontamination. Hinzu kommt die Infektion des Menschen durch den Kontakt mit Tieren, so etwa bei Vorschulkindern im Streichelzoo. Außerdem überträgt der erkrankte Mensch den Erreger und auch hier besteht die Gefahr von Dauerausscheidern.

Infektionsquellen
Campylobacteriosen werden vor allem durch rohe Produkte vom Rind ausgelöst. Dazu zählen insbesondere Rohmilch und Rohfleischprodukte (Hackfleisch, Rohwurst etc.). Ursächlich kommt es fast im-

Tab. 1.6 Das Wichtigste zu Campylobacter-Keimen im Überblick

Erreger	*Campylobacter jejuni*
Eigenschaften	gramnegativ, mikroaerophil, thermophil, aber auch Überleben im Kühlschrank; thermolabil, salztolerant
Kontaminationsquellen	Kot, Faeces vom Tier, besonders Rind, Geflügel Schlachtgeflügel (Kreuzkontamination!)
gefährdete Produkte	rohe oder nicht durcherhitzte tierische Lebensmittel wie Milch, Fleisch nicht ausreichend durcherhitztes Geflügel
Übertragung	Lebensmittel (alimentäre Infektion) Schmutz- und Schmierinfektion (bei Kindern auch Kontakt mit Tieren!)
infektiöse Dosis	10^2 KbE[1)]/g oder ml , bei empfindlichen Personen auch niedriger
Inkubationszeit	2 bis 5 Tage[2)]
Symptome	Gastroenteritis: Erbrechen, Bauchkrämpfe, Durchfall, z. T. blutig, meist Fieber

[1)]koloniebildende Einheiten [2)]KEWELOH et al. (2016)

mer durch eine fäkale Verschmutzung zur *Campylobacter*-Kontamination der Lebensmittel. Geflügel, das mit *Campylobacter* behaftet ist und nicht ausreichend erhitzt wurde, spielt ebenfalls eine wichtige Rolle als Infektionsquelle und kann darüber hinaus bei unzureichender Küchenhygiene durch Kreuzkontamination verzehrfertige Speisen gefährden. *Campylobacter*-Keime können sich aufgrund ihrer Wachstumseigenschaften (mikroaerophil, thermophil) in der Regel im Lebensmittel nicht vermehren, aber es reichen schon wenige Keime aus, um eine Infektion auszulösen (= geringe Infektionsdosis). Einen Überblick zu Campylobacter gibt Tabelle 1.6.

Symptome

Die Symptome ähneln denen einer Salmonellose, sind jedoch nicht ganz so heftig. Die Inkubationszeit kann mehrere Tage (2–5) dauern, bevor es zu einer akuten Gastroenteritis (Magen-Darm-Entzündung) kommt. Typische Anzeichen sind Übelkeit, Bauchschmerzen, wässrige, zum Teil blutige Durchfälle, Erbrechen und Fieber.

1.4.2.3 Escherichia coli

Erreger und Vorkommen
Escherichia coli (E. coli)-Bakterien sind gramnegative, aerobe bis fakultativ anaerobe Bakterien; sie gehören zur Familie der *Enterobacteriaceae*. Sie wachsen mesophil und sind thermolabil. *E. coli*-Bakterien gehören zur normalen Darmflora von Tier und Mensch und kommen auch im Boden, Abwasser sowie in Schädlingen (Ratten!) und auch auf Pflanzen vor. Darüber hinaus gibt es auch pathogene *E. coli*-Stämme, die beim Menschen schwere Erkrankungen hervorrufen können. Auch *E. coli*-Keime sind typische Zoonoseerreger.

Bedeutung
Aufgrund seiner natürlichen Anwesenheit im Darm spielt *E. coli* eine wichtige Rolle als Hygieneindikatorkeim für den Nachweis einer fäkalen Kontamination bei der Produktion von Lebensmitteln.
Wichtiger aber noch ist seine Rolle als Verursacher verschiedener Lebensmittelinfektionen. So sind zum Beispiel Durchfälle bei Säuglingen gefürchtet, und in den letzten Jahren haben schwere Erkrankungen durch ***e**ntero**h**ämorrhagische **E**scherichia **c**oli* (EHEC)-Stämme von sich reden gemacht. Erstmalig in den 1980er-Jahren in den USA als „Hamburgerkeim“ bekannt geworden sind EHEC-Stämme, die besonders bei Kindern schwere blutige Durchfälle und blutige Harnwegsinfektionen hervorriefen. Ursächlich wurden diese Erkrankungen mit dem Verzehr rohen Rindfleischs in Verbindung gebracht; inzwischen weiß man, dass ebenso roh verzehrtes Gemüse, beispielsweise Sprossen, Auslöser dafür sein können.
Diese besonders für Kinder und ältere Senioren gefährlichen Krank-

heitserreger haben inzwischen weltweit, so auch in Deutschland, zu schweren Krankheitsausbrüchen, zum Teil mit vielen Todesfällen, geführt. In diesem Zusammenhang sei auf die EHEC-Epidemie 2011 in Deutschland verwiesen (vgl. Kapitel 1.2).

Übertragungsweg
Die Keime befinden sich im Darm von Nutztieren, vor allem von Rindern, und durch fäkale Verschmutzung kommt es zur Kontamination des Fleisches oder der Rohmilch. Durch das Aufbringen von Gülle und Abwässern auf den Ackerboden oder zur Beregnung eingesetzt, kann es ebenfalls zur *E. coli*-Belastung von Pflanzen kommen. Außerdem überträgt der infizierte und erkrankte Mensch den Erreger und auch hier besteht die Gefahr von Dauerausscheidern. Dadurch können Lebensmittel kontaminiert werden, aber auch eine Kontaktübertragung von Mensch zu Mensch (besonders vom Erwachsenen zum Kleinkind) spielt eine wichtige Rolle. Ebenfalls ist eine direkte Übertragung des Erregers vom Tier auf den Menschen (Streichelzoo) möglich.

Infektionsquellen
EHEC-Erkrankungen werden vor allem durch rohe Produkte vom Rind ausgelöst. Dazu zählen insbesondere Rohmilch und Rohfleischprodukte (Hack, Rohwurst etc.). Seit einigen Jahren wird aber auch der Verzehr von rohem Gemüse, hier besonders von Sprossen, zum Auslöser der Erkrankung.
Des Weiteren erfolgt eine Infektion als Kontakt- und Schmierinfektion von Mensch zu Mensch (Erwachsener – Kleinkind) sowie vom Tier zum Menschen (Kontakte in der Landwirtschaft, über Streichelzoo etc.)

Symptome
Die Symptome reichen von einer harmlosen Durchfallerkrankung bis zu blutigen, schweren Erkrankungen im Darmbereich, im Harnapparat (= HUS, hämolytisch-urämisches Syndrom) und im Gehirn.

Tab. 1.7 Das Wichtigste zu EHEC-Keimen im Überblick

Erreger	**Enterohämorrhagische *Escherichia coli*** (EHEC)
Eigenschaften	gramnegativ, aerob bis fakultativ anaerob, mesophil; thermolabil
Kontaminationsquellen	Kot, Faeces Mensch und Tier, besonders Rind
gefährdete Produkte	rohes Rindfleisch, Rohmilch rohes Gemüse (Sprossen!)
Übertragung	Lebensmittel, Trinkwasser (alimentäre Infektion) Schmutz- und Schmierinfektion (auch von Mensch zu Mensch und bei Tierkontakt)
infektiöse Dosis	10–100 KbE[1)]/g oder ml
Inkubationszeit	1 bis 3 Tage[2)]
Symptome	Gastroenteritis: Erbrechen, Bauchkrämpfe, Durchfall, meist Fieber besonders bei Kleinkindern, Senioren, Immunschwachen: • schwere blutige Durchfälle, Harnwegsinfektionen, z. T. mit Nierenversagen → HUS mit Todesfällen möglich oder lebenslangen Folgeschäden (Dialyse) • Hirnschäden durch Gefäßblutungen

[1)]koloniebildende Einheiten [2)]BERG (2006)

Die Inkubationszeit beträgt 1–3 Tage. Anzeichen sind Erbrechen, Bauchkrämpfe, blutiger Durchfall, Fieber; bei Kindern, Senioren und Immunschwachen oft Komplikationen durch das HUS, was lebensbedrohlich oder aber lebenslang mit Folgeschäden verbunden sein kann. Tabelle 1.7 enthält das Wichtigste zu EHEC.

1.4.2.4 Listeria monocytogenes

Erreger und Vorkommen

Listerien sind grampositive, aerobe bis fakultativ anaerobe Bakterien, die psychrotroph wachsen, wodurch sie sich auch unter Kühlschrankbedingungen vermehren können. Sie sind in der Regel thermolabil. Listerien sind ubiquitär. Man findet sie auch im Tierstall und in der

Umgebung. So kommen sie unter anderem im Tierfutter (Silage), im Erdboden, Abwasser sowie in Schädlingen (Ratten!) und auch auf Pflanzen vor. Sie können ebenfalls in allen „Schmutzecken" eines Lebensmittelbetriebs (zum Beispiel Nischen, rissige Dichtungen, Gullys oder Fußbodenlöcher) vorkommen. Neben mehreren harmlosen Listerienstämmen gibt es einen pathogenen Vertreter, das ist *Listeria (L.) monocytogenes*, der beim Menschen schwere Erkrankungen verursachen kann. Es handelt sich auch hier um einen Zoonoseerreger.

Bedeutung
Aufgrund ihrer permanenten Anwesenheit in der Umgebung (vor allem im Erdboden, Schmutz, Abwasser) und auf Lebensmittelrohwaren kommt es häufig zum Auftreten von Listerien im Lebensmittelbetrieb. So besteht immer die Gefahr, dass auch *L. monocytogenes*-Keime dabei sein können. Diese lösen zwar überwiegend nur harmlose, grippeähnliche Erkrankungen aus, können aber bei besonders empfindlichen Verbrauchern, wie etwa Schwangeren, Immunschwachen und älteren Senioren, schwere Erkrankungen, zum Teil mit Todesfolge, hervorrufen. Das ist auch der Grund dafür, dass in den letzten Jahren vermehrt Produktrückrufe von Lebensmitteln wegen Befunden von *L. monocytogenes* zu verzeichnen waren.

Übertragungsweg
Listerien befinden sich häufig auf pflanzlichen und tierischen Rohwaren. Das betrifft beispielsweise Rohmilch, Fleisch, Gemüse (vor allem erdnahes!). So können sie über rohe und nicht ausreichend erhitzte Lebensmittel übertragen werden. Aber auch erhitzte Lebensmittel können kontaminiert werden. So können die Erreger durch gefürchtete Sekundärkontaminationsprozesse (= erneute Kontamination nach Hitzebehandlung eines Lebensmittels) etwa durch unhygienische Abfüll- oder Verpackungsvorgänge in pasteurisierten Produkten in die Verpackung gelangen. Diese Übertra-

Tab. 1.8 Das Wichtigste zu Listeria monocytogenes im Überblick

Erreger	***Listeria monocytogenes***
Eigenschaften	grampositiv, aerob bis fakultativ anaerob, psychrotroph; thermolabil, salztolerant
Kontaminationsquellen	Erdboden, Silage, Schmutz, Wasserlachen, Gewässersediment, Pflanzen, Abwasser
gefährdete Produkte	Rohmilch und Rohmilchkäse, Hackfleisch, Rohwurst, Fisch rohes Gemüse (Krautsalat); Feinkostsalate, Brühwurst
Übertragung	Lebensmittel (alimentäre Infektion) Schmutz- und Schmierinfektion
infektiöse Dosis	10–100 KbE[1] /g oder ml
Inkubationszeit	10 bis 18 Tage[2]
Symptome	Infektion: Erbrechen, Bauchkrämpfe, Durchfall schwere Erkrankungen bei Schwangeren (Listeriose) und Senioren

[1]koloniebildende Einheiten [2]BERG (2006)

gung der Listerien aus einem schmutzigen Produktionsumfeld ist eine der wichtigsten Haupteintragsquellen. Sekundär-/Kreuzkontaminationsprozesse sind auch bei weiteren „Ready-to-eat"-Produkten (verzehrfertige Speisen) wie etwa Feinkostprodukten oder Mischsalaten gefürchtet.

Infektionsquellen

Erkrankungen werden häufig durch rohe Produkte vom Rind und auch Fisch ausgelöst. Dazu zählen insbesondere Rohfleischprodukte (Hackfleisch, Rohwurst etc.), Rohmilch, Rohmilchprodukte (Rohmilchweichkäse!) sowie roher oder nicht ausreichend erhitzter Fisch vor allem in der Vakuumverpackung. Auch pasteurisierte Fleischerzeugnisse wie Brühwurstaufschnitt, Kochschinken oder Aspikware, aber auch rohes Gemüse, wie zum Beispiel Krautsalat, gelten als Auslöser der Erkrankung.

Symptome
Die Symptome reichen von einer harmlosen Durchfallerkrankung mit grippeähnlichen Erscheinungen bis zu schweren Komplikationen bei abwehrgeschwächten Personen. Hier ist besonders die Schwangerschaftslisteriose zu nennen, die zu Früh- oder Totgeburten bzw. zu Anomalien des Kindes führen kann. Komplikationen mit Sepsis und Meningitis (Hirnhautentzündung) sind bei Senioren gefürchtet. Die Inkubationszeit beträgt durchschnittlich 10–18 Tage (siehe Überblick zu *L. monocytogenes* in Tabelle 1.8).

1.4.2.5 Yersinien

Erreger, Vorkommen, Bedeutung
Yersinien sind gramnegative, aerobe bis fakultativ anaerobe Bakterien, die überwiegend psychrophil wachsen und thermolabil sind. Yersinien findet man im Darm von Nutz-, Haus- und Wildtieren, besonders von Schweinen. Als Zoonoseerreger ist besonders die Gattung *Yersinia enterocolitica* von Bedeutung.

Infektionsquellen/Übertragung
Erkrankungen werden häufig durch rohe und nicht ausreichend erhitzte Produkte vom Schwein (Mett, Rohwurst etc.) ausgelöst. Auch andere Lebensmittel, zum Beispiel erhitzte Wurstwaren, die sekundär fäkal kontaminiert wurden (Lebensmittelverarbeitung durch infizierte Menschen) oder Gemüse, das durch Fäkalien belastet wurde, können Auslöser der Erkrankung sein. Auch fäkal kontaminiertes Trinkwasser stellt eine Infektionsquelle dar. Die Infektion erfolgt zum einen alimentär über das verunreinigte Lebensmittel oder Trinkwasser. Außerdem werden Yersinien auch durch Schmutz- und Schmierinfektion, beispielsweise auch vom Tier ausgehend (enger Tierkontakt, etwa von Kindern zu infizierten Hunden oder Katzen), und von Mensch zu Mensch übertragen.

Symptome
Nach einer Inkubationszeit von mehreren Tagen kommt es zu einer akuten Gastroenteritis (Magen-Darm-Entzündung). Typische Anzeichen sind Übelkeit, Bauchschmerzen, Durchfall, Erbrechen und meist auch Fieber. Als Folgeerscheinung können Gelenkentzündungen auftreten.

1.4.2.6 Typhus-Salmonellen, Choleraerreger, Shigellen

Im Folgenden werden die wichtigsten zu den Reiseerkrankungen zählenden bakteriellen Lebensmittelinfektionen dargestellt, die beim Menschen schwere, lebensbedrohliche Magen-Darm-Erkrankungen auslösen können. Das Erregerreservoir ist der Mensch, der entweder erkrankt ist, sich in der Inkubationszeit oder in der Rekonvaleszenzphase (= Genesungsphase, Problem Dauerausscheider!) befindet. Entweder werden rohe Lebensmittel von menschlichen Fäkalien direkt oder indirekt über Abwasser, Trinkwasser oder Gegenstände kontaminiert. Außerdem stellt eine große Infektionsgefahr das Trinkwasser selbst dar. Darüber hinaus sind rohe Lebensmittel gefährliche Infektionsquellen. Fast immer werden durch fäkale Verschmutzungen des Wassers oder aber des Trinkwassers diese Erreger in die Nahrungskette eingetragen. So wurden/werden auch die gefürchteten Trinkwasserepidemien ausgelöst, wie zum Beispiel die Cholera durch Vibrionen, der Typhus durch Typhus-Salmonellen oder die Ruhr durch Shigellen. Risikoländer für solche Infektionen sind Länder mit niedrigem Hygienestandard, insbesondere bei der Trinkwassergewinnung und Abwasserbehandlung. Hier wären besonders Länder Afrikas, Südamerikas und Südostasiens, aber auch Osteuropas zu nennen.
Die wichtigsten Informationen zu diesen drei Erkrankungen finden sich in Tabelle 1.9.

Tab. 1.9 Bakterielle Reiseerkrankungen im Überblick

	Typhus-Salmonellen	**Cholera-Erreger** *(Vibrio cholerae)*	**Shigellen**
Krankheit	Typhus	Cholera	Ruhr
Eigenschaften	gramnegativ, aerob bis fakultativ anaerob, mesophil; thermolabil		
Kontaminationsquellen	Stuhl, Fäkalien von Menschen (erkrankt, Dauerausscheider) – Abwasser! (+ Gewässer, wo diese ungeklärt einfließen)		
gefährdete Produkte	Trinkwasser, rohe Lebensmittel wie Gemüse, Obst, Salate, Schalentiere		
Übertragung	Trinkwasser, Lebensmittel (alimentäre Infektion) Mensch zu Mensch (direkt und indirekt)		
infektiöse Dosis	10^3 KbE[1]/g oder ml	10^6 KbE[1]/g oder ml	10 bis 100 KbE[1]/g oder ml
Inkubationszeit	ca. 14 Tage	2–5 Tage[2]	12 h bis 7 Tage[2]
Symptome	zyklische Allgemeininfektion mit ansteigendem Fieber, Schwindel, Kopfschmerzen; später schwere Gastroenteritis mit stark wässrigem, blutigem Durchfall → Todesfolge durch hohen Flüssigkeitsverlust	schwere Gastroenteritis: Erbrechen, Bauchkrämpfe, stark wässriger, z. T. blutiger Durchfall → Todesfolge durch hohen Flüssigkeitsverlust	Gastroenteritis: Erbrechen, Bauchkrämpfe, dann stark wässriger Durchfall, leichtes Fieber; schwere Fälle: Geschwürbildung, Darmblutungen → Todesfolge durch hohen Flüssigkeitsverlust

[1]koloniebildende Einheiten [2]BERG (2006)

1.4.3 Lebensmittelvergiftungen durch Mikroorganismen

Unter mikrobiell verursachten lebensmittelbedingten Vergiftungen oder Intoxikationen versteht man Erkrankungen, die durch von Bakterien gebildete Gifte (Toxine) ausgelöst werden. Diese Gifte werden von den Krankheitserregern entweder im Lebensmittel oder erst im menschlichen Organismus gebildet.

1.4.3.1 Staphylococcus aureus

Erreger und Vorkommen
Staphylokokken sind grampositive, aerobe bis fakultativ anaerobe Bakterien, die mesophil wachsen. Die meisten Staphylokokken sind harmlos und gehören zur normalen Hautkeimflora bei Mensch und Tier; *Staphylococcus (S.) aureus* ist der pathogene Vertreter und der häufigste Eitererreger bei Mensch und Tier, wobei der Mensch das wichtigste Erregerreservoir für Lebensmittelkontaminationen darstellt. Des Weiteren ist noch das Vorkommen von *S. aureus* als Mastitiserreger bei der Milchkuh bedeutsam. Einige *S. aureus*-Stämme können gefährliche Enterotoxine (Toxine, die Entzündungen im Verdauungstrakt hervorrufen) bilden, die im Lebensmittel nach Keimvermehrung entstehen und beim Verbraucher zu einer heftigen Gastroenteritis führen können. Diese Toxine sind hitzestabil, das heißt sie werden durch normale Erhitzungsprozesse, wie beispielsweise die Pasteurisation, nicht inaktiviert.

Bedeutung
Durch *S. aureus* verursachte Lebensmittelvergiftungen kommen vermutlich häufig vor und treten vor allem bei warmen Temperaturen im Sommer auf. Sie stehen fast immer im Zusammenhang mit einer unzureichenden Personalhygiene, das heißt, *S. aureus*-Kontaminationen des Lebensmittels erfolgen durch unhygienisches Verhalten

des Menschen, vor allem bei der Handhabung von Speiseeis oder anderen ei- und/oder milchhaltigen Produkten.

Übertragungsweg
Der Hauptverursacher der Übertragung von *S. aureus* auf das Lebensmittel ist der Mensch. So werden die Erreger aus dem Nasen-Rachen-Raum aerogen durch Husten, Niesen, Schnäuzen oder aber über eitrige Wunden von Händen direkt oder indirekt (über Gegenstände etc.) auf das Lebensmittel übertragen. Des Weiteren können die Eitererreger über das Nutztier, vor allem über die Kuhmilch, in die Nahrungskette eigetragen werden. Wenn dann im besiedelten Lebensmittel eine Keimvermehrung auf eine Keimzahl von 10^6 KbE (koloniebildende Einheiten)/g oder ml erfolgt, kann es zur Toxinbildung im Lebensmittel kommen.

Infektionsquellen
Als besonders gefährdet werden Lebensmittel mit hohem Eiweiß- und Wassergehalt angesehen, weil sie sehr gute Wachstumsbedingungen für *S. aureus* bieten. Dazu gehören zum Beispiel: Fleisch und Fleischprodukte, Milch und Milchprodukte (Cremes, Pudding), Eiprodukte (!!), Kartoffelsalat, Cremefüllungen und Speiseeis!!

Symptome
Die Symptome sind von den Anzeichen einer heftigen Intoxikation im Magen-Darm-Bereich gekennzeichnet: Es kommt nach einer sehr kurzen Inkubationszeit von maximal sechs Stunden zu Übelkeit, Erbrechen, Bauchkrämpfen und massiven Kreislaufbeschwerden.
Das Wichtigste zu *S. aureus* zeigt Tabelle 1.10.

Tab. 1.10 Das Wichtigste zu S. aureus im Überblick

Erreger	***Staphylococcus aureus***
Eigenschaften	grampositiv, aerob bis fakultativ anaerob, mesophil; thermolabil Bildung eines hitzestabilen Enterotoxins im Lebensmittel
Kontaminationsquellen	Eiter von Mensch und Tier
gefährdete Produkte	Fleischerzeugnisse, z. B. Rohwurst Backwaren mit Cremefüllung, Pudding, Eis, Feinkostsalate
Übertragung	Lebensmittel (alimentäre Infektion)
infektiöse Dosis	10^6 KbE[1)]/g oder ml
Inkubationszeit	2–4 h[2)]
Symptome	Erbrechen, Bauchkrämpfe, Durchfall, Kreislaufbeschwerden, kein Fieber

[1)]koloniebildende Einheiten [2)]BERG (2006)

1.4.3.2 Sporen bildende Bakterien

Lebensmittelhygienische Bedeutung

Als Verursacher von Lebensmittelvergiftungen sind sowohl aerobe als auch anaerobe Sporenbildner von Bedeutung. Alle sind grampositive Keime, die mesophil bis zum Teil thermophil wachsen. Auch psychrotrophe Stämme sind bekannt. Zu den Sporen bildenden Bakterien gehören:

- ✓ anaerobe Sporenbildner
  - *Clostridium botulinum*
  - *Clostridium perfringens*
- ✓ aerob bis fakultativ anaerobe Sporenbildner
  - *Bacillus cereus*

Für das Vorkommen dieser Keime ist bedeutsam, dass sie hitze- und austrocknungsresistente Sporen bilden können und sie mit diesen Dauerformen wahre Überlebenskünstler sind. Sie sind dadurch ubiquitär vorhanden, das heißt sie kommen überall in der Umwelt, so im Erdboden, Staub, Schmutz, Gewässersediment, Wasser und Abwasser, aber auch auf Pflanzen (auch in Gewürzen) und Tieren sowie im Kot von Mensch und Tier vor.
Alle Keime sind in der Lage, bei ungünstigen Überlebensbedingungen Sporen als Dauerformen zu bilden. Diese sind besonders resistent gegenüber allen Umwelteinflüssen, auch gegenüber Hitze. Sie werden erst bei Temperaturen von über 100 °C abgetötet. Sporen bildende Keime sind als Verursacher von Vergiftungen, aber auch von mikrobiellem Verderb, besonders bei allen thermisch behandelten Lebensmitteln bzw. Lebensmitteln mit verringertem Sauerstoffangebot von Bedeutung.
Nach MESSELHÄUßER (2016) zählen neben *S. aureus*-Intoxikationen Bakterien der *Bacillus cereus*-Gruppe sowie *Clostridium perfringens* zu den wichtigsten lebensmittelassoziierten, bakteriellen Toxinbildnern. Im Jahr 2014 wurden EU-weit 840 lebensmittelbedingte Ausbrüche registriert, die auf bakterielle Toxine, gebildet von *Bacillus* spp., *Clostridium* spp. und *S. aureus*, zurückzuführen waren.

Clostridium botulinum

Erreger

Clostridium (C.) botulinum ist ein grampositiver, streng anaerober Sporen bildender Keim, dessen meisten Stämme ihr Temperaturoptimum bei 30–37 °C haben; einige Stämme sind auch psychrotroph. Typisch ist, dass der Erreger bei Vermehrung im Lebensmittel Neurotoxine verschiedener Typen bilden kann, die hitzelabil sind. Neurotoxine entwickeln ihre Giftwirkung im Nervensystem; sie gehören zu den stärksten bekannten Giften überhaupt.

Bedeutung

Die Toxine von *C. botulinum* führen zu dem seit Jahrhunderten bekannten und gefürchteten Botulismus, **der** klassischen Intoxikation durch verdorbene Wurst, bei der das präformierte Botulismus-Toxin direkt mit dem Lebensmittel aufgenommen wird. Die besondere Bedeutung liegt darin, dass der Erreger weit verbreitet in der Umwelt ist und mit seiner Anwesenheit im Lebensmittel stets zu rechnen ist und schwere Erkrankungen folgen können. Heutzutage ist aufgrund der verbesserten Hygiene- und Herstellbedingungen in der Lebensmittelbranche diese klassische Form nur noch selten zu finden. In Bereichen, wo hausschlachtene Produkte oder Gemüse- bzw. Wurstkonserven nach „Hausmacherart" bei Temperaturen unter 100 °C („eingeweckt") hergestellt werden, kann es aber nach wie vor zu Erkrankungsfällen kommen.

Übertragungsweg

Durch das ubiquitäre Vorkommen der Keime bzw. ihrer Sporen gibt es vielfältige Kontaminationsgefahren für das Lebensmittel, was besonders bei erhitzten Speisen eine große Rolle spielt. Hier können die hitzeresistenten Sporen von *C. botulinum* Temperaturen unter 100 °C überleben, was nach Auskeimen in einem Lebensmittel mit verringertem Sauerstoffgehalt zur massenhaften Vermehrung der Keime führt. Durch langsames Abkühlen und etwaige Fehler in der Kühllagerung wird dieser Prozess weiter gefördert. Bei bestimmten, nicht erhitzten Rohfleischprodukten kann die *C. botulinum* (Sporen) -Kontamination ebenfalls zur gefährlichen Toxinproduktion führen; so etwa in Rohschinken, in dessen Tiefe ja ebenfalls ein verringerter Sauerstoffpartialdruck herrscht. Häufig liegt auch eine Sporenkontamination von Fischen vor, sodass zum Beispiel im vakuumverpackten Räucherfisch gute Wachstumsbedingungen für *C. botulinum* herrschen.

Wenn dann im besiedelten Lebensmittel eine Keimvermehrung auf

Tab. 1.11 Das Wichtigste zu C. botulinum im Überblick

Erreger	*Clostridium botulinum*
Eigenschaften	grampositiv, streng anaerob; Sporenbildner; bildet hitzelabile (Neuro-)Toxine im Lebensmittel
Kontaminationsquellen	→ Erdboden, Staub, Schmutz, Gewässersediment, Wasser und Abwasser etc. → aber auch über Pflanzen und Tiere sowie Kot von Mensch und Tier
gefährdete Produkte	unzureichend erhitzte Fleisch-, Fisch- und Gemüsekonserven („Hausmacherkonserven"), Rohschinken im Stück, vakuumverpackter Räucherfisch, Honig
Übertragung	Lebensmittel (alimentäre Infektion)
infektiöse Dosis	10^6 KbE[1)]/g oder ml
Inkubationszeit	durchschnittlich 12–36 h[2)]
Symptome	anfangs Übelkeit, Durchfall, Kopfschmerz später Doppelsehen, Schluckbeschwerden und Lähmungen, Atemnot – Tod durch Ersticken

[1)]koloniebildende Einheiten [2)]BERG (2006)

eine Keimzahl von über 10^5 KbE/g oder ml erfolgt, kommt es zur Bildung des Botulismustoxins.

Infektionsquellen

Bedeutsam sind besonders unzureichend erhitzte Fleisch-, Fisch- und Gemüsekonserven („Hausmacherkonserven"), große Rohschinken, vakuumverpackter Räucherfisch sowie Honig.

Symptome

Anfangs Kopfschmerzen, Übelkeit, Durchfall; später Doppelsehen, Schluck- und Atembeschwerden, Lähmung der Augenmuskulatur, Gliedmaßen und des Zwerchfells, gegebenenfalls Atemnot mit Todesfolge durch Ersticken möglich. Das Wichtigste zu *C. botulinum* enthält Tabelle 1.11.

Clostridium perfringens

Erreger

Clostridium (C.) perfringens ist ein grampositiver, anaerober Sporen bildender Keim, der thermophil wächst. Der Erreger kann bei der Sporulation (Prozess der Sporenbildung) im Darm des Menschen verschiedene Enterotoxine bilden.

Bedeutung

C. perfringens führt bei heiß zubereiteten Speisen mit zu den häufigsten Lebensmittelvergiftungen und ist damit ein großes Problem in der Außer-Haus-Verpflegung und im Privathaushalt. Die Erkrankungen verlaufen relativ harmlos und sind von kurzer Dauer.

Übertragungsweg

Durch das ubiquitäre Vorkommen der Keime bzw. ihrer Sporen gibt es vielfältige primäre und sekundäre Kontaminationsgefahren für das Lebensmittel vor allem über Erdboden und Kot; das hat besonders bei erhitzten Speisen eine große Relevanz. Hier können die hitzeresistenten Sporen von *C. perfringens* Temperaturen unter 100 °C überleben, was nach Auskeimen in einem Lebensmittel mit verringertem Sauerstoffgehalt zur massenhaften Vermehrung der Keime führt. Weitere Fehler im Temperaturregime der Speisenhandhabung können dann zur massenhaften Vermehrung von *C. perfringens* bis zum Erreichen der minimalen Infektionsdosis von 10^6 KbE/g oder ml Lebensmittel führen. Bei der Sporulation im Darm werden später dann die krank machenden Enterotoxine freigesetzt. Solche Fehler im Produkthandling betreffen besonders:

- ✓ zu niedrige Temperaturen nach dem Zubereiten der Speisen bis zur Ausgabe (Cook & Serve)

Tab. 1.12 Das Wichtigste zu C. perfringens im Überblick

Erreger	***Clostridium perfringens***
Eigenschaften	grampositiv, streng anaerob, thermophil; Sporenbildner; bildet (Entero-)Toxine im Darm
Kontaminationsquellen	→ Erdboden, Staub, Schmutz, Gewässersediment, Wasser und Abwasser etc. → aber auch über Pflanzen und Tiere sowie Kot von Mensch und Tier
gefährdete Produkte	unzureichend heiß gehaltene erhitzte Fleischgerichte, Fleisch- und Soßengerichte, Suppen unsachgemäß abgekühlte Speisen, fehlerhaft gekühlte Speisen
Übertragung	Lebensmittel (alimentäre Infektion)
infektiöse Dosis	10^6 KbE[1)]/g oder ml
Inkubationszeit	durchschnittlich 12 h[2)]
Symptome	wässriger Durchfall, Übelkeit, Bauchschmerzen

[1)]koloniebildende Einheiten [2)]BERG (2006)

- ✓ unzureichendes Heißhalten bei < 65 °C (Cook & Hold) oder
- ✓ zu langsames Abkühlen von gekochten Speisen und unzureichende Kühllagerprozesse von gechillten Produkten (Cook & Chill)

Infektionsquellen

Infektionsquellen sind vor allem Speisen in der Gemeinschaftsverpflegung: Unzureichend heiß gehaltene erhitzte Fleischgerichte, Fleisch- und Soßengerichte, Soßen und Suppen sowie unsachgemäß abgekühlte Speisen und fehlerhafte Kühllagerung von kühlbedürftigen Produkten.

Symptome

Erkrankungen treten als leichte Form der Gastroenteritis auf mit wässrigem Durchfall, Übelkeit und Bauchschmerzen. Das Wichtigste zu *C. perfringens* steht in Tabelle 1.12.

Bacillus cereus

Erreger
Bacillus (B.) cereus ist ein grampositiver, aerob bis fakultativ anaerober Sporen bildender Keim, der mesophil wächst. Der Erreger kann zwei Typen von Enterotoxinen produzieren, die auch zu unterschiedlichen Krankheitsbildern führen. Zum einen wird ab einer Keimzahlhöhe von über 10^5 KbE/g oder ml im Lebensmittel das hitze**stabile** emetische Toxin (= Erbrechenstoxin) gebildet. Der zweite Toxintyp ist das hitze**labile** Diarrhoe-Toxin (Diarrhoe = Durchfall), was erst im Darm des Menschen gebildet wird, und zwar bei der Sporulation der vegetativen Keime.

Bedeutung
Sporen bildende *B. cereus*-Keime haben eine große Bedeutung als häufiger Lebensmittelvergifter; sie verursachen vermutlich die meisten Lebensmittelvergiftungen in der Gemeinschaftsverpflegung (und im Privathaushalt).

Übertragungsweg
Durch das ubiquitäre Vorkommen der Keime bzw. ihrer Sporen gibt es vielfältige Kontaminationsgefahren für das Lebensmittel, was besonders bei erhitzten Speisen eine große Rolle spielt. Hier können hitzeresistente Sporen Temperaturen von unter 100 °C überleben und durch mangelhaftes Heißhalten (unter 65 °C) oder unzureichendes Abkühlen von gekochten Speisen bzw. durch Fehler in der Kühllagerung von Speisen kann es zum Auskeimen der Sporen und zur massenhaften Keimvermehrung kommen. Außerdem können *B. cereus*-Keime bzw. Sporen auch durch sekundäre (Schmutz-) Kontaminationen bereits erhitzte Speisen rekontaminieren, was ebenfalls eine massenhafte Keimvermehrung zur Folge haben kann.
Wenn dann im besiedelten Lebensmittel eine Keimvermehrung auf

Tab. 1.13 Das Wichtigste zu B. cereus im Überblick

Erreger	***Bacillus cereus***	
Eigenschaften	grampositiv, aerob bis fakultativ anaerob, mesophil; Sporenbildner Bildung von 2 Toxintypen: ✓ hitzestabiles Erbrechens-Toxin im Lebensmittel ✓ Durchfall-Toxin im Darm	
Kontaminationsquellen	→ Erdboden, Staub, Schmutz, Gewässersediment, Wasser und Abwasser etc. → aber auch über Pflanzen und Tiere sowie Kot von Mensch und Tier	
Übertragung	erhitzte Lebensmittel (alimentäre Infektion)	
	Erbrechens-Toxin	Durchfall-Toxin
gefährdete Produkte	meist Reisgerichte	Fleischgerichte, Gemüse, Suppen, Soßen, Pudding und Desserts
infektiöse Dosis	über 10^5 KbE[1]/g oder ml	über 10^5 KbE[1]/g oder ml
Inkubationszeit	1–6 h[2]	8–16 h[2]
Symptome	akute Übelkeit, Erbrechen	wässriger Durchfall, Übelkeit, Bauchschmerzen

[1]koloniebildende Einheiten [2]BERG (2006)

eine Keimzahl von über 10^5 KbE/g oder ml erfolgt, kann es entweder zur Bildung des emetischen Toxins im Lebensmittel kommen oder aber es kommt zur Infektion des Menschen, in deren Folge das Diarrhoetoxin im Darm gebildet wird.

Infektionsquellen

Für Erkrankungen durch das emetische Toxin sind besonders Reisgerichte verantwortlich. Durch das Diarrhoe-Toxin von *B. cereus* ausgelöste Durchfallerkrankungen werden besonders bei eiweißreichen Lebensmitteln wie Fleischgerichten (Eintrag häufig über Gewürze), Gemüse, Suppen, Soßen, Pudding und Desserts beobachtet.

Symptome

Erkrankungen durch das emetische Toxin: Es kommt nach einer sehr kurzen Inkubationszeit von max. 6 h akut zu Übelkeit und Erbrechen.

Erkrankungen durch das Diarrhoe-Toxin: leichte Form der Gastroenteritis mit akutem wässrigen Durchfall, Übelkeit und Bauchschmerzen.
Das Wichtigste zu *B. cereus* steht in Tabelle 1.13.

1.4.3.3 Schimmelpilztoxine

Bedeutung
Schimmelpilze können auf Lebensmitteln und Futtermitteln gut wachsen und viele von ihnen können dabei auch Gifte produzieren, die Mykotoxine genannt werden. Mykotoxine können im Lebensmittel auftreten, wenn diese durch Schimmelpilze verdorben werden und sich dabei Toxine anreichern. Des Weiteren können Schimmelpilztoxine durch die Verfütterung toxinhaltiger Futtermittel an Tiere durch den „Carry-over"-Effekt (= Übergang der Toxine vom Futter auf das Tier) in der Milch oder im Fleisch auftreten.
Schimmelpilzgifte sind erheblich thermostabil und wenn sie im Lebensmittel vorhanden sind, können sie weder durch Hitze noch durch ein anderes technologisches Verfahren zerstört werden.
Mykotoxine stellen eine große Gesundheitsgefahr für den Menschen dar. Hier sind vor allem chronische Leber- und Nierenschädigungen bis hin zur Krebsbildung zu nennen. Dabei ist die wiederholte Aufnahme kleiner Mengen Mykotoxine ausschlaggebend. Darüber hinaus können auch Erbgutveränderungen, Teratogenität (Auslösung von Missbildungen am Embryo), neurotoxische Wirkungen sowie Schleimhautreizungen und allergene Effekte durch Mykotoxine ausgelöst werden.
Schimmelpilzsporen, die Hauptvermehrungsform der Schimmelpilze, sind ubiquitär und überall in der Natur weit verbreitet und sehr umweltresistent. Besonders bei feuchtwarmen Umgebungsbedingungen kommt es zu einem vermehrten Schimmelpilzwachstum. Dieses Klima ist auch der Grund dafür, dass man Schimmelpilze besonders

Tab. 1.14 Die wichtigsten Mykotoxine und gefährdete Lebensmittel

Mykotoxin	Produzent	toxische Wirkung	häufig beteiligte Lebensmittel
Aflatoxine	*A. flavus* *A. parasiticus*	Leberkrebs, Leberzirrhose teratogen	Erdnüsse, Nüsse, Getreideprodukte, Milch, Milchprodukte
Ochratoxine	*A. ochraceus* *P. viridicatum*	Leber- und Nierenschädigung, evtl. krebserregend teratogen	Erdnüsse, Getreide- produkte, Kaffee
Patulin	*A. clavatus* *P. expansum*	Leberschädigung, Übelkeit, evtl. krebserregend	Obst, Fruchtsäfte
Fusarium-Toxine	*F.* spp.	Aborte, Sterilität, Haut- u. Schleimhautschädigungen evtl. krebserregend	Getreide
Citrinin	*A.* spp. *P.* spp.	teratogen	Getreide, faulige Tomaten
Sterigmatocystin	*A. nidulans* *P. versicolor*	Leberkrebs	Nüsse, Getreide
Citreoviridin	*A. clavatus*	Nierenschädigung, kardiale Beriberi	Reis

häufig auf tropischen und subtropischen Nüssen und Cerealien findet. Damit Schimmelpilze wachsen können, benötigen sie vor allem Feuchtigkeit. Darüber hinaus müssen noch die passenden Nährstoffe, Sauerstoff und Temperaturen von optimal 25 °C bis 30 °C zur Verfügung stehen. Die meisten Schimmelpilze bevorzugen zum Wachstum kohlenhydrathaltige sowie leicht saure Substrate; aber sie sind sehr anpassungsfähig und können auch in weiten Temperatur- und pH-Grenzen wachsen. Das ist bis in den stark sauren pH-Bereich bzw. bei Temperaturen unter 10 °C (Kühlschranktemperaturen) bis weit unter 0 °C möglich.

Überblick Mykotoxine

Von den Schimmelpilzarten, die im Substrat gefährliche Mykotoxine bilden können, sind vor allem *Aspergillus (A.)*, *Penicillium (P.)* und *Fusarium (F.)* als Arten zu nennen.

In Tabelle 1.14 findet sich eine Übersicht über die wichtigsten Mykotoxine und durch sie gefährdete Lebensmittel.

Zu den am häufigsten mit Schimmelpilzen befallenen Lebensmitteln gehören Brot, Obst (auch Trockenobst) und Gemüse sowie Gewürze und Nüsse. Darüber hinaus können aber auch Fleisch- und Milcherzeugnisse verschimmeln. Das passiert beispielsweise bei unhygienischen Verhältnissen (Sporen in der Luft bzw. im Schmutz) bei der Reifung und Lagerung von Rohpökelwaren oder Hartkäse.

Bei verschimmelten Lebensmitteln kann man nie ausschließen, dass auch Mykotoxine gebildet wurden. Daher sind solche Lebensmittel immer zu verwerfen.

Bei den Mykotoxinen gelten besonders die von *Aspergillus flavus* gebildeten, sehr hitzestabilen Aflatoxine als gefährlich, weil sie das höchste krebserzeugende Potenzial haben. Darüber hinaus haben sie eine hohe akute Toxizität, die jedoch aufgrund der dazu benötigten hohen Aufnahmemengen kaum eine Rolle spielt.

1.4.3.4 Biogene Amine

Der mikrobiell bedingte Abbau (Verderb) von Lebensmitteln führt zur Bildung zahlreicher Stoffwechsel- und Abbauprodukte, die für den Menschen toxisch sein können. Dazu gehören vor allem die biogenen Amine, die durch den Abbau von Aminosäuren entstehen können. Biogene Amine entstehen besonders in eiweißreichen Lebensmitteln und sind in geringer Konzentration häufig in Lebensmitteln zu finden. Zu viel mit der Nahrung aufgenommen können sie allerdings zu akuten Vergiftungserscheinungen führen. Die größte Bedeutung hat die Histaminvergiftung. Nach einer Inkubationszeit von etwa 30 min kommt es zu Hautrötung, Kopfschmerzen, Übelkeit, Erbrechen, Bauchschmerzen und Kreislaufproblemen. Nach 5–8 h klingen die Symptome wieder ab. Erhöhte Histaminkonzentrationen können besonders in Fisch und Fischprodukten sowie in fermentiertem Käse auftreten. Bei den Fischen sind besonders solche mit dunklem Muskelfleisch wie etwa Thunfisch, Sardinen oder Makrelen gefährdet. Insbesondere bei unzureichender Kühlung können enzymatische und mikrobielle Stoffwechselprozesse zu erhöhten Histamingehalten führen. Um das Risiko für den Verbraucher zu minimieren, müssen die in der Verordnung (EG) Nr. 2073/2005 über mikrobiologische Kriterien für Lebensmittel geforderten Histamin-Grenzwerte für Fischereierzeugnisse beachtet werden.

1.4.4 Lebensmittelinfektionen durch Viren

Durch Lebensmittel, aber auch durch Trinkwasser übertragene Viren können beim Menschen sehr gefährliche organmanifestierte Erkrankungen wie zum Beispiel die Hepatitis A (= ansteckende Gelbsucht), ausgelöst durch das Hepatitis A-Virus, oder die Kinderlähmung (Poliomyelitis), ausgelöst durch das Polio-Virus, verursachen. Außerdem, und das erfolgt in viel, viel stärkerem Maße, können durch Viren Durchfallerkrankungen beim Menschen ausgelöst werden, verursacht vor allem durch Noro- und Rotaviren.
Die über Lebensmittel bzw. Trinkwasser übertragenen Viren stammen immer vom Menschen, das heißt, er ist das Erregerreservoir. So scheidet der erkrankte Mensch, aber auch der infizierte, sich in der Inkubationszeit befindende Mensch, oder aber der sich in der Rekonvaleszenz befindliche Mensch die Viren mit dem Stuhl aus. Die lebensmittelassoziierten Viren sind kleine, unbehüllte, sehr widerstandsfähige RNS-Viren, die schon mit einer sehr geringen infektiösen Dosis zur Infektion führen.

Die Übertragung der Viren erfolgt zum einen von Mensch zu Mensch durch Kontakt und die Aufnahme der Viren überwiegend als fäkal-orale Schmierinfektion, das heißt, die aus dem Stuhl stammenden Erreger werden über die Hände aufgenommen. Darüber hinaus steckt sich der Mensch oral-alimentär über Viren aus der Nahrungskette an; Lebensmittel werden durch den Menschen über fäkale Verschmutzungen direkt oder indirekt (s. oben) mit Viren kontaminiert, oder aber durch fäkal kontaminiertes Wasser. Die Besiedlung der Lebensmittel mit Viren kann schon beim Anbau oder auch der Ernte von Obst und Gemüse oder im Gewässer von Fischen oder Muscheln erfolgen oder später bei der Behandlung von rohen Produkten (zum Beispiel beim Waschen von Salaten, Früchten usw.).

HEPATITIS A-VIREN

Bedeutung

Das Hepatitis A-Virus ist ein kleines, hüllenloses RNS-Virus und sehr resistent gegenüber Umwelteinflüssen. Es verursacht die Hepatitis A, deren Hauptsymptom eine akute Entzündung der Leber ist. Das Virus ist zwar weltweit verbreitet, weist aber bei der Infektionshäufigkeit ein deutliches Süd-Nord-Gefälle auf. In vielen tropischen und subtropischen Ländern tritt die Hepatitis A endemisch (= ständig präsent in einer Region) auf, das heißt, 100 % der Bevölkerung sind betroffen, und von hier gehen die hauptsächlichen Ansteckungsgefahren für Reisende aus Nord- und Mitteleuropa aus. Aber auch von roh zu verzehrenden Lebensmitteln, die aus südlichen Ländern stammen, gehen Infektionsgefahren aus. Davon zeugt beispielsweise ein europaweiter Hepatitis A-Ausbruch durch Tiefkühlerdbeeren im Jahr 2014. Laut ESFA (2014) wurden von Januar 2013 bis 30.06.2014 1.444 Hepatitis A Fälle in zwölf europäischen Ländern gemeldet. Die Meldezahlen der Hepatitis A-Erkrankungen in Deutschland liegen seit 2009 jährlich um die 1.000 (Überblick zu Hepatitis A in Tabelle 1.15).

Tab. 1.15 Das Wichtigste zu Hepatitis A im Überblick

Erreger	**Hepatitis-A-Virus**
Eigenschaften	sehr resistent z. B. gegenüber Hitze und Desinfektionsmitteln
infektiöse Dosis	zehn bis 100 aufgenommene Viruspartikel
Inkubationszeit	mehrere Wochen
gefährdete Lebensmittel	Muscheln, Fisch, **Beerenfrüchte** (auch TK!!) + nicht erhitzte Produkte daraus; Salate, Trinkwasser
Übertragungsweg	Mensch–Mensch: vor allem durch direkte oder indirekte Schmierinfektion (Kontakt) fäkal-oral (über Lebensmittel oder Wasser)
Symptome	anfangs: Durchfälle, Erbrechen, Bauchschmerzen, Kopfschmerzen, Abgeschlagenheit später: Leberentzündung → **infektiöse Gelbsucht**: Gelbfärbung der Haut, der Augen, geschwollene Leber
Bedeutung	Deutschland = Reiseerkrankung, ca. 1.000 Erkrankungen/Jahr subtropische/tropische Länder (Türkei), aber auch Russland

POLIOVIREN

Polioviren lösen die Kinderlähmung aus, eine in Westeuropa inzwischen eher seltene Erkrankung. Sie siedeln sich außer im Darm auch in den Nervenzellen des Rückenmarks an. Schlimmstenfalls kommt es dabei zu lebenslangen Nervenschäden, oft verlaufen die Infektionen jedoch auch relativ symptomlos. Die Viren werden fäkal ausgeschieden durch den Menschen und die Übertragung erfolgt von Mensch zu Mensch, vor allem durch fäkal kontaminierte Hände und Gegenstände, aber auch durch Tröpfcheninfektion. So können auch Lebensmittel und Wasser kontaminiert werden. Durch unzureichende hygienische Verhältnisse in der Abwasserhandhabung kann es auch zu Schmierinfektionen über das Badewasser in Seen kommen.

NOROVIREN

Bedeutung

Durch Noroviren ausgelöste Erkrankungen gehören inzwischen zu den am häufigsten nachgewiesenen Magen-Darm-Erkrankungen in Deutschland. In der Meldestatistik des Robert Koch-Instituts waren sie zum Beispiel 2017 mit fast 72.000 Fällen mit Abstand die häufigsten lebensmittelbedingten meldepflichtigen Infektionskrankheiten in Deutschland (RKI, 2018), siehe Tabelle 1.16.

Damit machten sie mehr als ein Drittel aller Infektionen aus. Erkrankungen durch Noroviren treten vor allem zu Grippezeiten im Herbst, Winter und Frühjahr auf, wodurch sie auch den Beinamen Magen-Darm-Grippe bekommen haben. Aufgrund ihrer hohen Widerstandsfähigkeit und auch sehr geringen Infektionsdosis von

Tab. 1.16: Lebensmittelbedingte meldepflichtige Infektionskrankheiten in Deutschland 2017 und 2016. Datenstand: 17. Januar 2018 (RKI, 2018)

Zeitraum	2017: KW 1.–52.	2016: KW 1.–52.
Salmonellosen	14.074	12.971
EHEC-Infektionen (ohne HUS)	1.987	1.822
HUS	95	69
Campylobacter-Enteritis	68.551	74.047
Shigellose	426	427
Yersiniose	2.558	2.773
Listeriose	762	704
Paratyphus	41	36
Typhus abdominalis	78	60
Norovirus-Gastroenteritis	71.963	84.650
Rotavirus-Gastroenteritis	37.278	22.735
Hepatitis A	1.217	737

Summe 2017: ca. 199.030

10–100 infektiösen Partikeln/g oder ml führen die Noroviren oft zu Krankheitsausbrüchen in Tischgemeinschaften, wobei alle Altersgruppen der Verbraucher betroffen sind. Erinnert sei in diesem Zusammenhang an den Norovirus-Gastroenteritis-Ausbruch in Einrichtungen mit Gemeinschaftsverpflegung 2012. In 5 Bundesländern kam es zu 10.950 Erkrankungsfällen (s. auch unter 1.2).

Übertragung und Symptome

Die nachfolgende Tabelle 1.17 enthält die wichtigsten Informationen zur Norovirus-Erkrankung.

Tab. 1.17 Das Wichtigste zur Norovirus-Erkrankung im Überblick

Erreger	Norovirus
Eigenschaften	Virus sehr resistent z. B. gegenüber Hitze und Desinfektionsmitteln
infektiöse Dosis	10 bis 100 aufgenommene Viruspartikel
Inkubationszeit	12–72 h
gefährdete Lebensmittel	Muscheln, Austern, Fisch, **Beerenfrüchte** (auch gefroren!!) und unerhitzte Produkte daraus; Salate, Trinkwasser
Übertragungsweg	Mensch–Mensch: vor allem durch direkte oder indirekte Schmierinfektion über Stuhl und Erbrochenes (Kontakt), aber auch durch Tröpfcheninfektion vor allem über Aerosole beim Erbrechen fäkal-oral über Lebensmittel oder Wasser
Symptome	Übelkeit, häufiges Erbrechen und heftige Durchfälle bei allen Altersgruppen, wobei aber Probleme besonders bei Kleinkindern und älteren Senioren auftreten, Bauchschmerzen, Kopfschmerzen
Bedeutung	häufigster Verursacher von viralen Magen-Darm-Infektionen besonders in Wintermonaten (Pandemie erstmals in D 2003 und großer Ausbruch 2012), oft explosionsartige Ausbreitung in der Gemeinschaftsverpflegung

ROTAVIREN

Bedeutung

Durch Rotaviren ausgelöste Erkrankungen gehören weltweit zu den am häufigsten bei Kleinkindern auftretenden Magen-Darm-Erkrankungen; auch in Deutschland treten sie in hoher Anzahl auf (vgl. Tabelle 1.16). Die Erkrankung geht einher mit starkem Durchfall, Erbrechen und Fieber. Insbesondere für kleine Kinder zwischen 6 Monaten und 3 Jahren kann das Rotavirus sehr gefährlich werden. In Entwicklungsländern mit schlechter Trink- und Abwasserhygiene stellen Rotaviren eine der häufigsten Todesursachen für Kinder dar.

Übertragung und Symptome

Die nachfolgende Tabelle 1.18 erhält die wichtigsten Informationen zur Rotavirus-Erkrankung.

Tab. 1.18 Das Wichtigste zur Rotavirus-Erkrankung im Überblick

Erreger	**Rotavirus**
Eigenschaften	Virus sehr resistent z. B. gegenüber Hitze und Desinfektionsmitteln
infektiöse Dosis	10 bis 100 aufgenommene Viruspartikel
Inkubationszeit	1–3 Tage[1)]
gefährdete Lebensmittel	vor allem kontaminiertes Trinkwasser
Übertragungsweg	Mensch–Mensch: vor allem durch direkte oder indirekte Schmierinfektion (Kontakt) fäkal-oral (über Lebensmittel, Gegenstände oder Wasser)
Symptome	Übelkeit, Erbrechen Kopfschmerzen; Durchfall, Bauchschmerzen, auch Fieber betroffen vor allem Kleinkinder mit gefährlichen Folgen
Bedeutung	weltweit verantwortlich für >70 % der schweren Durchfallerkrankungen bei Kindern (6 Monate bis 3 Jahre)

[1)] BERG (2006)

1.4.5 BSE-Erreger

Der BSE-Erreger (BSE = Bovine spongiforme Enzephalopathie) führt beim erwachsenen Rind durch eine schwammartige, das heißt spongiforme Veränderung des Gehirns zu einer fortschreitenden und später zum Tod führenden Erkrankung des ZNS, dem sogenannten Rinderwahn. Das Auftreten von massiven Krankheitsfällen ist seit den 1980er-Jahren bekannt, vor allem in Großbritannien. Auch bei anderen Tieren, aber auch beim Menschen gibt es ähnliche Erkrankungen, die alle ausgelöst werden von sogenannten Prionen. Prionen sind proteinähnliche infektiöse Partikel, die das Gehirn löchrig machen. Beim Menschen gibt es eine ähnliche Erkrankung, nämlich die Creutzfeldt-Jakob-Erkrankung, die schon länger bekannt ist und weltweit verbreitet ist. Seit es aber vor allem in Großbritannien seit dem Bekanntwerden von BSE-Fällen nach jahrelangen Inkubationszeiten eine neuartige Form der Creutzfeldt-Jakob-Erkrankung des Menschen gibt, scheint die Übertragung des BSE-Erregers auf den Menschen wahrscheinlich. Betroffen sind vor allem ältere Menschen; das Krankheitsbild ist gekennzeichnet von anfänglicher Schlaflosigkeit, Verwirrtheit und Sehstörungen und geht später mit Bewusstseinstrübung und Geistesschwäche einher. Als Risikolebensmittel gelten vor allem Rinderprodukte, in denen sich zentrales (Hirn zum Beispiel) oder peripheres Nervengewebe (Rückenmark) befindet.
Zu den prophylaktischen Maßnahmen zum Schutz der Verbraucher zählen das Verfütterungsverbot von Tiermehlen an Nutztiere sowie die vollständige Entfernung und unschädliche Beseitigung von spezifiziertem Risikomaterial wie etwa Hirn und Rückenmark des Rindes. Eine generelle Untersuchungspflicht von Gesundschlachtungen von Rindern mittels BSE-Schnelltests ist seit 2015 entfallen.

1.4.6 Lebensmittelverderb

Allgemeines

Beim Lebensmittelverderb handelt es sich um nachteilig beeinflusste Lebensmittel, die nicht verkehrsfähig sind. Unter „nachteilig beeinflusst" versteht man gem. § 2 der nationalen Lebensmittelhygiene-Verordnung (LMHV, 2007, 2016) „eine Ekel erregende oder sonstige Beeinträchtigung der einwandfreien hygienischen Beschaffenheit von Lebensmitteln, wie durch Mikroorganismen, Verunreinigungen, Witterungseinflüsse, Gerüche, Temperaturen, Gase, Dämpfe, Rauch, Aerosole, tierische Schädlinge, menschliche und tierische Ausscheidungen sowie durch Abfälle, Abwässer, Reinigungsmittel, Pflanzenschutzmittel, Tierarzneimittel, Biozid-Produkte oder ungeeignete Behandlungs- und Zubereitungsverfahren."
Der Lebensmittelverderb kann verschiedene Ursachen haben:

Biologische Ursachen

- Verderbniskeime
- nicht mikrobielle Ursachen
  - → Pflanzen- oder Tiergifte
  - → Schädlinge
  - → physiologische Abweichnungen (Geschlechtsgeruch, Fütterungseinfluss)

Chemisch-physikalische Ursachen

- autolytische Prozesse bei gewebseigenen Stoffumsetzungen pflanzlicher oder tierischer Rohwaren
- atmosphärische Einflüsse insbesondere bei der Lagerung (Sauerstoff, Licht, Temperatur, Feuchtigkeit ...)
- technologische Fehlprozesse
- Verunreinigungen (Staub, Schmutz, Gerüche etc.)

Abb. 1.8 Ursachen des Lebensmittelverderbs

Der Lebensmittelverderb, vor allem der mikrobiologische Verderb, führt in der Regel zu Veränderungen der sensorischen Beschaffenheit wie im Aussehen, in der Konsistenz/Textur, dem Geruch und dem Geschmack des Lebensmittels. Die größte Rolle spielt der mikrobielle Lebensmittelverderb.

Mikrobieller Lebensmittelverderb

Der mikrobielle Lebensmittelverderb wird ausgelöst durch die Vermehrung und Stoffwechselaktivität von Verderbniskeimen, wobei vor allem stoffwechsel- und/oder enzymaktive Mikroorganismen als Verderbnisflora agieren. Wie schnell ein Lebensmittel verdirbt, hängt davon ab, inwieweit es durch seine Zusammensetzung, Verpackung oder Lagertemperatur den Verderbniserregern gute Wachstumsbedingungen bietet. Dabei sind es vor allem die sogenannten leicht verderblichen Lebensmittel, auf denen Mikroorganismen sich gut vermehren und hier zum Verderb führen können. Als leicht verderblich gilt ein Lebensmittel, „das in mikrobiologischer Hinsicht in kurzer Zeit leicht verderblich ist und dessen Verkehrsfähigkeit nur bei Einhaltung bestimmter Temperaturen oder sonstiger Bedingungen erhalten werden kann“ (LMHV, 2007, 2016). Zu diesen gehören beispielsweise

1. Fleisch, Geflügelfleisch und Erzeugnisse daraus
2. Milch und Erzeugnissen auf Milchbasis
3. Fische, Krebse oder Weichtiere und Erzeugnisse daraus
4. Eiprodukte
5. Säuglings- und Kleinkindernahrung
6. Speiseeis und Speiseeishalberzeugnisse
7. Backwaren mit nicht durchgebackener oder durcherhitzter Füllung oder Auflage
8. Feinkost-, Rohkost- und Kartoffelsalate, Marinaden, Mayonnaisen oder andere emulgierte Soßen, Nahrungshefen
9. Sprossen und Keimlinge zum Rohverzehr sowie Samen zur Herstellung von Sprossen und Keimlingen zum Rohverzehr

(vgl. auch § 42 Infektionsschutzgesetz [IfSG, 2000])

In Abhängigkeit von den inneren und äußeren Wachstumsfaktoren finden nun die verschiedenen Keimgruppen entsprechend ihren Wachstumsvorlieben gute bis sehr gute Bedingungen zum Wachsen auf den o. g. Lebensmitteln.

Faktoren, die dieses Wachstum beeinflussen, sind:

Innere Faktoren (intrinsic factors)

- ✓ Nährstoffe
- ✓ pH-Wert
- ✓ a_w-Wert (Wasseraktivität)
- ✓ Redoxpotenzial
- ✓ Textur

Äußere Faktoren (extrinsic factors)

- ✓ Temperatur
- ✓ Gasatmosphäre (Sauerstoff)
- ✓ relative Luftfeuchtigkeit

Dabei verderben besonders leicht eiweißreiche, a_w-Wert hohe und pH-neutrale Lebensmittel; das passiert vor allem durch gramnegative Bakterien und besonders gut, wenn Luftsauerstoff ungehindert Zutritt hat. Die Geschwindigkeit des Verderbs hängt dabei maßgeblich von der Lagertemperatur ab. Beispiele dafür wären die Lebensmittel 1–4 aus der obigen Aufzählung und es gilt: Je leichter ein Produkt mikrobiologisch verderben kann, desto niedriger muss die Kühllagertemperatur sein. Etwas trockenere, zum Teil gesäuerte Produkte, verderben leicht durch Verschimmeln.

1.5 Lebensmittelinfektionen durch Parasiten

Bedeutung

Neben mikrobiologischen Infektionsrisiken bestehen auch gesundheitliche Gefahren durch Parasiten im Lebensmittel. Diese gehen vor allem von rohen tierischen Lebensmitteln aus, da die Parasiten bzw. ihre Entwicklungsstadien sich im Tier befinden und als Zoonoseerreger auf den Menschen übertragen werden können. Die Übertragung erfolgt besonders über rohes oder nicht durchgegartes Fleisch oder rohen Fisch sowie mit Abwasser kontaminiertes Obst, Gemüse und Trinkwasser.

Als Parasiten sind Protozoen (Einzeller) und Helminthen (Würmer) von Bedeutung; bei letzterem vor allem Faden- und Bandwürmer.

Tab. 1.19 Die wichtigsten durch Lebensmittel übertragenen Parasiten

Infektionsquelle*	Parasit	Krankheit
	PROTOZOEN (Einzeller)	
Schweine-(Rind-)fleisch	*Sarcocystis* spp.	Sarkosporidiose
Schweine- und Schaffleisch	*Toxoplasma gondii*	Toxoplasmose
	WÜRMER	
Schweinefleisch	*Trichinella spiralis*	Trichinellose
Rindfleisch	*Taenia saginata***	Rinderbandwurmerkrankung (Taeniose)
Fisch (Süßwasser)	*Diphyllobotrium* spp.-*Larve*	Fischbandwurmerkrankung (Diphyllobotriose)
Seefisch	*Anisakis* spp. (Heringswurm)	Heringswurmerkrankung (Anisakiose)

* alles roh ** übertragen durch *Cysticercus bovis* (Rinderfinne)

Um Infektionen zu verhindern, gilt es, Fleisch- oder Fischprodukte vor dem Verzehr ausreichend zu erhitzen oder mindestens drei Tage lang bei minus 20 °C einzufrieren.

Sarcosporidien

Sarcosporidien befallen u. a. das Nutztier und bilden im Fleisch Zysten. Diese werden dann mit dem rohen Fleisch vom Menschen aufgenommen und setzen sich in der Darmschleimhaut fest. Als Infektionsquelle kommen rohes Rind- und Schweinefleisch in Betracht. Erkrankungsfälle beim Mensch sind selten; die meisten Infektionen verlaufen symptomlos.

Toxoplasmen

Die Toxoplasmose ist eine weltweit auftretende Infektionskrankheit, die in der Regel harmlos verläuft und zu einer lebenslangen Immunität führt. Nur für Schwangere, die vor der Schwangerschaft keinen ausreichenden Immunschutz gegen den Erreger *Toxoplasma gondii* ausgebildet haben, ist sie gefährlich. Hier kann es zu Missbildungen des Kindes oder zu Fehlgeburten kommen. Auch für immunsuppressive Personen können Toxoplasmen zu gefährlichen Gehirnschäden führen. Hauptinfektionsquellen sind rohes oder nicht ausreichend erhitztes Fleisch (Schwein, Schaf) sowie kurzgereifte streichfähige Rohwürste. Außerdem werden die Toxoplasmen durch orale Schmierinfektion über die Katze übertragen.

Trichinellose

Trichinellosen treten weltweit auf; Trichinenträger sind besonders Fuchs, Dachs, Ratte, Schwein, Hund, Katze oder auch der Bär. Der Mensch infiziert sich mit dem Erreger *Trichinella spiralis* hauptsächlich über rohes Schweinefleisch. Eine Übertragung ist dabei auch durch ungenügend gefrorenes, gepökeltes oder oberflächlich gebratenes Schweinefleisch sowie kurzgereifte streichfähige Rohwürste oder rohen Schinken möglich.
Nach dem Verzehr von kontaminiertem Fleisch setzen sich die Trichinen zunächst in der Darmschleimhaut fest und führen dabei zu gastroenteritischen Erscheinungen. Diese Trichinen produzieren

Larven, die sich über Lymphe und Blut in der Muskulatur des Körpers verteilen. Hier entstehen aus ihnen die Muskeltrichinen, die sich einkapseln und zu rheumatischen Störungen, Gesichtsödemen und Muskelschmerzen führen. In Deutschland tritt die Trichinellose eher selten auf.

Rinderbandwurm
Die weltweit auftretende Bandwurmerkrankung wird ausgelöst durch den Verzehr von rohem Rindfleisch oder Produkten aus Rindfleisch, die nicht (ausreichend) erhitzt wurden. Der Mensch infiziert sich über die sogenannte Rinderfinne, die er mit dem rohen Fleisch aufnimmt. Innerhalb von zirka 9–12 Wochen entwickelt sich im Darm des Menschen der reife Bandwurm mit bis zu 10 m Länge mit nur 2 mm breiten Gliedern, in denen sich die Eier befinden. Mit dem Stuhlgang abgehende Bandwurmglieder wiederum verbreiten über die Eier den Erreger in der Umwelt. Die Erkrankung verläuft meist relativ symptomlos; es können aber auch Übelkeit, Erbrechen, Bauchschmerzen, Durchfall oder Verstopfung auftreten.

Heringswürmer
Die Heringswurmkrankheit wird durch zirka 4 cm lange Nematodenlarven beim Verzehr von rohem Fisch oder halbrohen Fischprodukten ausgelöst. Dazu gehören zum Beispiel Hering, Makrele, Sprotte, Kabeljau. Durch das Einbohren der Larven in die Darmschleimhaut entstehen gastroenteritische Erscheinungen. Ausreichend hohe Temperaturen über 60 °C beim Räuchern sowie das Durchgefrieren der Fische, mindestens für 24 h bei – 20 °C, minimieren das Infektionsrisiko.
Einen Überblick über die wichtigsten durch Lebensmittel übertragenen Parasiten gibt Tabelle 1.19.

1.6 Gefahren durch tierische Schädlinge

Bedeutung

Als Schädling „gilt jedes lebende oder tote Tier, das durch seine Anwesenheit, durch Teile seines Körpers, durch seine Ausscheidungen oder von ihm übertragene Organismen und Agenzien (z. B. Prionen, Viren, Bakterien, Hefen, Schimmelpilze, ...) Lebensmittel nachteilig beeinflussen kann" (DIN 10523). Jedes in dem Sinne befallene Lebensmittel gilt als nachteilig beeinflusst und ist nicht verkehrsfähig (vgl. auch Kapitel 1.4.6).

Zu den Schädlingen gehören vor allem kriechende und fliegende Gliedertiere sowie Wirbeltiere. Tierische Schädlinge sind gefürchtet, weil sie zum einen erhebliche gesundheitliche Gefahren auslösen können, zum anderen aber auch wirtschaftliche Verluste verursachen durch weggefressene oder vernichtete Lebensmittel. Als Gesundheits- bzw. Hygieneschädlinge gelten solche Schädlinge, die Mikroorganismen übertragen, die entweder Lebensmittelinfektionen auslösen können oder Lebensmittelverderb. Dazu gehören Schaben, Fliegen oder auch Ratten und Mäuse. Gleichzeitig gelten sie, wie auch viele andere Schädlinge, als Vorrats- und Lebensmittelschädlinge, weil sie Lebensmittel vernichten, indem sie sich von ihnen ernähren, sich in ihnen entwickeln oder durch Verunreinigung unbrauchbar machen. Darüber hinaus können Schädlinge auch als Lästlinge für den Menschen sehr unangenehm sein; Beispiele sind Asseln oder Silberfischchen.

Eine Übersicht zu den wichtigsten Schädlingen im Lebensmittelbereich zeigt Tabelle 1.20.

Schadnager

Ratten und Mäuse sind weltweit stark verbreitet und übertreffen zahlenmäßig die menschliche Population um ein Vielfaches. Der jährliche Schaden durch Fraß und Verunreinigung geht in die Millionen. Durch

Tab. 1.20 Die wichtigsten Schädlinge im Lebensmittelbereich

	Überträger pathogener und lebensmittelverderbender Keime	Lebensmittelverlust durch Fraßschäden, Verschmutzung etc.
Ratten	x	x
Mäuse	x	x
Schaben	x	
Fliegen	x	
Ameisen (Pharao)	x	
Motten		x
Käfer		x

ihre Vorlieben, sich auf verwesendem und faulendem Material oder Exkrementen aufzuhalten, werden vor allem Ratten zum Überträger gefährlicher Infektionskrankheiten wie Typhus, Pest, Weilsche Krankheit oder Salmonellose. Sie besiedeln Mülldeponien, Stallungen, Keller, Gewässer oder die Kanalisation und können über weite Strecken die Erreger verschleppen. Durch ihre messerscharfen Zähne werden die Ratten auch zu gefürchteten Materialschädlingen, die Lebensmittel und -verpackungen, aber auch Rohrleitungen, Kabel, sogar Mauerwerk anfressen. Die Nager dringen durch offene Türen oder Fenster, über defekte Wände, Fenster oder nicht verschlossene Gullys aktiv in die Gebäude ein. Dabei werden sie durch die Lebensmittel selbst, aber vor allem auch durch übel riechende organische Abfälle angezogen.

Schaben

Die Schaben sind weltweit wohl die am häufigsten in allen Lebensmittelbereichen, vor allem aber in Küchen auftretenden Schädlinge. Doch auch in Wohnungen sowie Krankenhäusern und Heimeinrichtungen jeder Art sind sie sehr gefürchtet.

Schaben sind typische Allesfresser, die nachtaktiv sind (sie halten sich tagsüber versteckt in Ritzen und Spalten auf) und feuchte Wärme lieben. Sie werden durch Botenstoffe von faulenden organischen Stoffen, so zum Beispiel auch Lebensmittelabfällen, regelrecht angelockt. Ihre Anwesenheit bzw. Hinterlassenschaften sind immer ekelerregend und darüber hinaus gesundheitsgefährdend. So können sie gefährliche pathogene Keime wie Durchfallerreger, Hepatitis-Viren, Milzbrand oder Tbc übertragen, aber auch Schimmelpilze und Verderbniserreger.

Fliegen
Durch ihre Lebensart, sich auf verwesende Abfälle, menschliche und tierische Ausscheidungen sowie auf Lebensmittel und faulende Lebensmittelreste zu setzen und auch hier ihre Eier abzulegen, werden die Fliegen zum Überträger von Krankheitserregern und auch von Fäulnisbakterien. Eier werden an Stalldünger, Fäkalien, an Fleisch, Käse, Obst abgelegt, woraus sich innerhalb von 8–12 h Maden unterschiedlichster Größen entwickeln, die hochgradig ekelerregend und gesundheitsgefährdend sind.

Ameisen
Für die Lebensmittelbranche relevant sind zum einen die Haus- und Wegameise und zum anderen die Pharaoameise. Erstere bauen ihre Nester im Freien, wohl aber in der Nähe von Gebäuden, und dringen nur gelegentlich auf der Suche nach Nahrung in Lebensmittelbetriebe ein. Sie bevorzugen süße Nahrung. Bei den Pharaoameisen hingegen handelt es sich um tropische Ameisen, die sich wegen der Witterung in Gebäuden aufhalten, wobei sie feuchte, beheizte Orte um 27 °C bis 30 °C bevorzugen. So findet man sie zum Beispiel in Krankenhäusern, Bäckereien und Großküchen oder in Hallenbädern. Durch ihre Vorliebe für eiweißreiche Nahrung („fleischfressende Pharaoameise“) werden diese Allesfresser zum Überträger gefährlicher

Infektionskeime. Sie fressen etwa frisches und gekochtes Fleisch, Wurstwaren oder Eiweißschnee; aber sie ernähren sich auch von Blut oder Eiter und sind in frischen OP-Wunden zu finden.

1.7 Allergene

Unter einer Allergie versteht man eine verstärkte, spezifische immunologische Abwehrreaktion des Körpers, die über das normale Maß hinausgeht. Es gibt viele Auslöser dafür, u. a. gehören auch Lebensmittel bzw. Zutaten dazu. Nach Angaben des Bunds für Lebensmittelrecht und Lebensmittelkunde, BLL (2018), sind etwa zwei bis drei Prozent der Erwachsenen und vier bis acht Prozent der Kinder davon betroffen. Um Allergiker vor diesen Stoffen zu schützen, verlangt das EU-Recht die Deklaration der Hauptallergene auf verpackter, aber auch auf loser Ware. Danach müssen alle 14 Hauptallergene im Zutatenverzeichnis aufgeführt werden bzw. den Käufern der losen Ware eine schriftliche Information gegeben werden. Gemäß Anhang II der Lebensmittel-Informationsverordnung (LMIV, 2011) gilt diese Kennzeichnungspflicht für:

- glutenhaltiges Getreide, namentlich Weizen (wie Dinkel und Khorasan-Weizen), Roggen, Gerste, Hafer oder deren Hybridstämme
- Krebstiere wie Krebse, Garnelen, Krabben, Hummer etc.
- Eier
- Fisch
- Erdnüsse
- Soja
- Milch (einschließlich Laktose)
- Schalenfrüchte, namentlich Mandeln, Haselnüsse, Walnüsse, Kaschunüsse, Pecannüsse, Paranüsse, Pistazien, Macadamianüsse, Queenslandnüsse

- Sellerie
- Senf
- Sesamsamen
- Schwefeldioxid und Sulfite (ab 10 mg pro kg oder l)
- Süßlupinen
- Weichtiere (zum Beispiel Schnecken, Muscheln, Tintenfisch etc.)

1.8 Chemische Gefahren

1.8.1 Bedeutung

Chemische Gefahren im Lebensmittel können durch Rückstände und Kontaminanten entstehen. Sie gefährden die Gesundheit des Menschen vor allem durch chronische Erkrankungen der Organe wie Leber oder Nieren. Einige, so zum Beispiel Dioxine, können auch Hautschäden verursachen. Besonders gefürchtet ist die erbgutverändernde (= mutagene) oder krebsauslösende Wirkung einiger Substanzen. Eine besonders große Gefahr geht von Antibiotikarückständen im Lebensmittel aus, weil sie mit dazu beitragen, dass Infektionserreger des Menschen gegen das Antibiotikum therapieresistent werden.
Bei **Rückständen** (BfR, 2018) handelt es sich um Reste von Stoffen, die während der Produktion von Lebensmitteln bewusst eingesetzt werden. Dazu zählen zum Beispiel Pflanzenschutzmittel oder Tierarzneimittel, aber auch Rückstände von Reinigungs- und Desinfektionsmitteln. Dabei ist in der Regel ihre Gesundheitsschädlichkeit nicht prinzipiell gegeben, sondern es besteht eine dosisabhängige Wirkung. Durch verantwortungsbewusstes Handeln und Einhalten von Verboten oder Karenzzeiten aller Akteure in der Lebensmittelkette von der Primärproduktion (Landwirtschaft) bis zur Abgabe der Lebensmittel an den Verbraucher können diese Gefahren weitestgehend eliminiert werden.

Bei den **Kontaminanten** handelt es sich um unbeabsichtigt ins Lebensmittel geratene Verunreinigungen aufgrund von Einflüssen aus der Umwelt, der Verpackung oder Herstellung bzw. Zubereitung von Lebensmitteln. Diese Verunreinigungen sind lt. Bundesinstitut für Risikobewertung (BfR, 2018) generell als unerwünscht anzusehen. Zu ihnen gehören umweltbedingte Stoffe wie Schwermetalle (Blei, Cadmium und Quecksilber), Radionuklide, polyzyklische aromatische Kohlenwasserstoffe (PAK), Dioxine, Furane und polychlorierte Biphenyle (PCB). Außerdem spielen weitere prozessbedingte Kontaminanten wie etwa Weichmacher oder Acrylamid eine Rolle, oder auch Mykotoxine, die bereits in Kapitel 1.4.3.3 behandelt wurden. Kontaminanten aus der Umwelt aus der Nahrungskette zu eliminieren, gestaltet sich schwieriger als das Vermeiden von Rückständen.

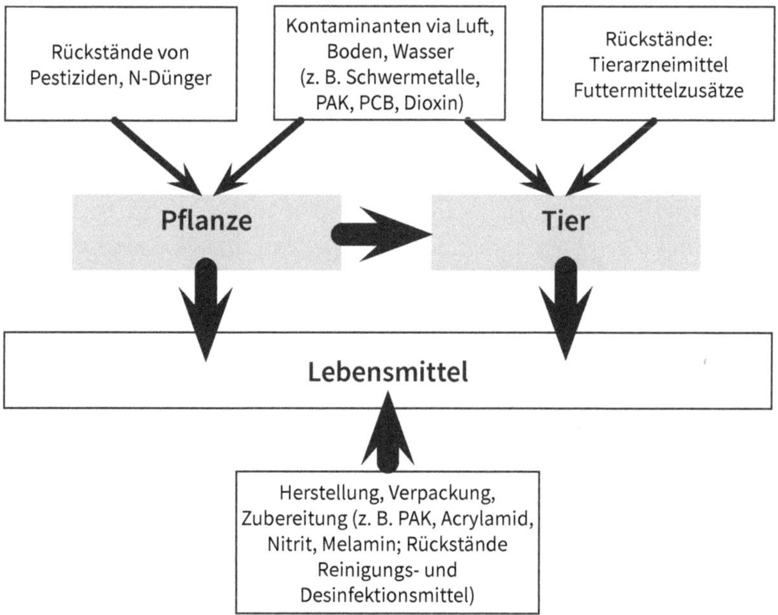

Abb. 1.9 Wege von Rückständen und Kontaminanten ins Lebensmittel

Das Risiko von toxischen Stoffen in Lebensmitteln und damit die Gefährdung der Verbrauchergesundheit ist aber im Vergleich zu mikrobiologischen Gefahren als äußerst gering einzuschätzen. Einerseits werden mögliche Risiken von Pflanzenschutz- und Tierarzneimitteln durch umfangreiche toxikologische Prüfungen im Rahmen der Zulassung dieser Stoffe abgeklärt. Andererseits erfolgt auch eine wissenschaftliche Bewertung möglicher gesundheitlicher Risiken durch unerwünschte Stoffe im Lebensmittel durch das Bundesinstitut für Risikobewertung und führt entweder zur Begrenzung der Dosis der Stoffe bzw. zur Festlegung von Höchstgehalten oder aber zur Forderung der Null-Toleranz für bestimmte, besonders gefährliche, vor allem Erbgut verändernde und Krebs auslösende Stoffe.
Der Eintrag von Rückständen und Kontaminanten in das Lebensmittel kann direkt, aber auch vielfach erst über den Biozyklus Tier – tierisches Lebensmittel in die Nahrungskette erfolgen (Abbildung 1.9). Anschließend werden die wichtigsten Stoffgruppen kurz dargestellt.

1.8.2 Rückstände

Tierarzneimittel
Tierarzneimittelrückstände sind pharmakologisch wirksame Stoffe, die in Nahrungsmitteln auftreten, die von Tieren gewonnen wurden, denen das betreffende Tierarzneimittel verabreicht worden ist. Man findet diese Rückstände vorrangig im Fleisch, in der Milch und in Eiern. Als Stoffgruppen (zulassungspflichtig) für die Prophylaxe oder Therapie von Krankheiten sind relevant:

- Antibiotika zur Behandlung von Infektionskrankheiten
- Hormone zur Behandlung von Hormonstörungen, Brunstsynchronisation etc.
- Sedativa (Tranquilizer) zur Beruhigung der Tiere

Über gesetzliche Regelungen erfolgt eine Festlegung von Rückstandshöchstmengen und um deren Einhaltung sicherzustellen, sind maximal annehmbare Tagesdosen sowie die Wartezeiten vor Schlachtung der Tiere, Melken bzw. Inverkehrbringen der Produkte zu beachten.

Futtermittelzusätze („Masthilfsmittel")

Außer Antibiotikazusätzen in Futtermitteln zur Infektionsprophylaxe werden auch Hormone zur Leistungsförderung der Tiere, obwohl EU-weit verboten, verfüttert. Da hormonell wirksame Stoffe die Verwertung von Nährstoffen fördern und u. a. das Muskelwachstum stimulieren, werden derartige Substanzen seit den 1950er-Jahren als „Leistungsförderer" oder „Masthilfsmittel" eingesetzt. Verwendung finden dabei als Sexualhormon wirksame Anabolika sowie Wachstumshormone, die sogenannten Thyreostatika. Neben den Gefahren der Entwicklung von Antibiotikaresistenzen von Erregern (s. o.) kann die Aufnahme von Hormonrückständen über die Lebensmittel krebsauslösend oder/und fruchtbarkeitsschädigend für den Menschen sein.

Pflanzenschutzmittel (Pestizide)

Durch Pflanzenschutzmittel sollen Futterpflanzen und pflanzliche Lebensmittel Schutz vor Krankheitserregern, Fressfeinden und Unkraut erlangen, um bessere Ernteerträge zu erreichen. Sie sind in Deutschland gemäß Pflanzenschutzgesetz zulassungspflichtig, wobei auch Rückstandshöchstgehalte in rohen und verarbeiteten Lebensmitteln berücksichtigt werden. Besonderes Augenmerk gilt dabei den persistenten Organochlorverbindungen (polychlorierte Kohlenwasserstoffe), die vielfach im Pflanzen- und Vorratsschutz, aber auch als Insektenvernichtungsmittel eingesetzt wurden. Aufgrund ihrer langen biologischen Halbwertzeit besteht die Gefahr ihrer Persistenz und Akkumulation im Lebensmittel, sodass ihr Einsatz schon seit längerem EU-weit untersagt wurde.

Nitratgehalte

Zuviel Stickstoffeintrag in den Boden, zum Beispiel über die Stickstoffdüngung des Ackerbodens, führt zu erhöhten Nitratgehalten in der Pflanze oder im Grundwasser. Zu hohe Nitratgehalte im Trinkwasser oder in Lebensmitteln können gesundheitliche Folgen bei Säuglingen unter 3 Monaten haben und zur sogenannten Blausucht mit Erstickungsgefahr führen. Erhöhte Nitratgehalte in pflanzlichen oder auch tierischen Lebensmitteln (beispielsweise gepökelte Fleischerzeugnisse) können unter Umständen aber auch durch ihre Umwandlung zu Nitrosaminen zu Karzinomen in Leber oder Niere führen. Außerdem sind diese Verbindungen mutagen und teratogen.

1.8.3 Kontaminanten

Als umweltbedingte Kontaminanten sind besonders Schwermetalle (Pb, Hg, Cd, As usw.), polychlorierte Biphenyle (PCB), polychlorierte Dibenzoldioxine und Dibenzofurane („Dioxine“) sowie Radionuklide zu nennen. Prozessbedingt spielen vor allem polyzyklische aromatische Kohlenwasserstoffe (PAK), Nitrosamine (s. Nitritgehalte, weiter oben), Acrylamid sowie Migrationsstoffe aus Verpackungen, wie etwa Weichmacher, eine Rolle.

Schwermetalle

Schwermetalle wie Blei, Cadmium oder Quecksilber gelangen vor allem durch KFZ-Abgase oder industrielle Abgase in die Luft, den Boden oder das Grundwasser und können die menschliche Gesundheit schädigen. Des Weiteren können sie auch durch die Anwendung bestimmter Pflanzenschutzmittel auf landwirtschaftlich genutzten Flächen in den Boden geraten. Sie gelangen von dort über die angebauten Pflanzen oder über das Fleisch von Weidetieren in die Nahrungskette. Da sich Schwermetalle in bestimmten

Pflanzen oder Organen von Nutztieren anreichern können, können die Konzentrationen an Schwermetallen unter Umständen sehr hoch sein, die der Mensch aufnimmt. Die Folgen davon sind, wie zum Beispiel bei der Bleivergiftung, chronischer Art und können zu Anämie, Schädigungen des Nervensystems oder Nierenschäden führen. Besonders gefährdete Lebensmittel sind beispielsweise Gemüse, Kartoffeln, Obst, Getreide; außerdem Fleisch und Fleischwaren, hier besonders Leber und Nieren von Kalb, Rind und Schwein sowie Milch und Milchprodukte. Grenzwertfestlegungen gibt es lediglich für das Trinkwasser.

Polychlorierte Biphenyle (PCB) und Dioxine
Aus Gründen des Verbraucherschutzes wird schon länger gefordert und durch entsprechende Umweltgesetze fixiert, die Verbraucherbelastung mit toxischen Stoffen wie etwa PCB und Dioxine aus der Umwelt zu minimieren. So wird der Einsatz von PCB, zum Beispiel in Pestiziden (wie DDT) oder bei der Herstellung von Kunststoff, Farben und Lacken, verboten bzw. stark begrenzt. In den letzten Jahren konnte so die Belastung des Verbrauchers drastisch gesenkt werden. Diese persistenten Verbindungen können sich aufgrund ihrer lipophilen Eigenschaften in der Nahrungskette anreichern und beispielsweise zu Leber- und Nierenschädigungen, zu Hautschäden, Störungen des endokrinen Systems oder zu immuntoxischen sowie teratogenen Wirkungen führen.
Dioxine sind hochgiftige Verbindungen; sie entstehen ebenfalls überwiegend als unerwünschte Nebenprodukte bei Verbrennungsprozessen (zum Beispiel Metall- und Stahlproduktion, industrielle Verbrennungsanlagen, Hausbrand), auf Sondermülldeponien sowie bei der Produktion bestimmter Chemikalien. Sie werden hauptsächlich über tierische Lebensmittel (Milch, Eier, Fleisch) in die Nahrungskette eingetragen.

Radionuklide

Radioaktive Nuklide wie etwa Jod 131, Cäsium 137 oder Strontium 90 werden heutzutage vor allem nach Reaktorunfällen in die Umwelt eingetragen und können sich jahrzehntelang als „Fallout“ auf Pflanzen ablagern. Davon betroffen sind beispielsweise Speisepilze oder – durch die Fütterung der Kühe – die Milch. Mit dem Lebensmittel aufgenommen, können sie im menschlichen Körper jahrelang persistieren und sich in Knochen oder Muskulatur anreichern, wo sie gefürchtete Krebsleiden auslösen können.

Polyzyklische aromatische Kohlenwasserstoffe (PAK)

PAK kommen natürlicherweise in Kohle und Erdöl vor und entstehen bei allen (unvollständigen) Verbrennungsprozessen. Beispiele sind Großfeuerungsanlagen, Holzverbrennungsanlagen, Haus- und Waldbrände oder Verbrennungskraftmaschinen. Außerdem entstehen sie, wenn organische Materialien wie Holz und Tabak verbrennen.

Gemüsepflanzen (und Futterpflanzen) werden über PAK-haltige Luftverunreinigungen kontaminiert, Fleischwaren werden durch Räuchern, Grillen oder Backen bei der unvollständigen Verbrennung des organischen Materials beladen, wobei hier als Leitsubstanz Benzpyren gilt. Da die PAK auch sehr lange Halbwertzeiten haben, reichern sie sich im Körper (vor allem im Fettgewebe) an und können zu gefürchteten Krebsleiden führen. Benzpyrene gehören mit zu den stärksten Karzinogenen (krebsauslösende Stoffe).

Acrylamid

Acrylamid entsteht bei starker Erhitzung kohlenhydratreicher Lebensmittel. So kann es etwa beim Frittieren, Braten, Backen, Rösten als Nebenprodukt der sogenannten Bräunungsreaktion (Maillard-Reaktion) gebildet werden. Es steht in Verdacht, krebserregend und erbgutverändernd zu sein.

Nachdem 2002 Acrylamid in einer Vielzahl von Lebensmitteln nachgewiesen worden ist, hat man in Deutschland einen Höchstwert festgelegt und kontinuierlich die Acrylamidgehalte in Lebensmitteln wie Gebäck, Kartoffelchips, Pommes Frites oder Brot reduziert.

Melamin

Melamin ist häufig Bestandteil von besonders beständigem Geschirr oder Besteck. Grundsätzlich ist es toxikologisch unbedenklich, es kann aber zu Problemen kommen, wenn Speisen im Melamingeschirr über 70 °C erhitzt werden. Das betrifft vor allem die Erhitzung in der Mikrowelle, wo es zu Grenzwertüberschreitungen kommen kann.

Melamin steht im Verdacht, Erkrankungen im Blasen- und Nierensystem zu verursachen. Der beim Erhitzen frei werdende Formaldehyd kann Allergien hervorrufen, Haut, Atemwege oder Augen reizen sowie beim Einatmen Krebs im Nasen-Rachen-Raum verursachen.

Mineralölbestandteile

Zunehmend stellt sich auch die Aufnahme von Mineralölkohlenwasserstoffen über Lebensmittel als problematisch dar und wird als gesundheitlich bedenklich eingestuft. Einige Verbindungen sollen mutagen und karzinogen sein. Mineralölbestandteile können über verschiedene Wege ins Lebensmittel gelangen. Das ist zum einen möglich über den Herstellprozess etwa bei Verwendung mikrokristalliner Wachse zur Oberflächenbehandlung von Obst oder Kleinstsüßwaren wie beispielsweise von Kaugummi. Eine Rolle kann auch der Übergang von Schmierölen auf Lebensmittel bei der Ernte von pflanzlichen Lebensmitteln spielen. Ein weiterer Eintrittspfad sind Lebensmittelverpackungen, vor allem aus Recyclingpapier, Druckfarben und gewachstes Papier.

1.9 Physikalische Gefahren

Bedeutung
Physikalische Gefahren können durch Verschmutzungen, besonders Steinchen, Splitter von Metall, Glas, Holz, Knochen usw. oder durch sonstige Fremdkörper wie Ringe, Nadeln, Folien, Kunststoffteilchen u. a. ausgelöst werden. Fremdkörper in Lebensmitteln sind in erster Linie lästig, können aber auch ausgesprochen ekelerregend, oder aber – noch schlimmer – gesundheitsschädlich sein. Zu den Gesundheitsschäden zählen:

- ✓ Verletzungsgefahr (Zahnschäden, Verletzungen im Mundbereich)
- ✓ lebensbedrohliche Verletzungen, zum Beispiel durch Glassplitter, scharfe Metallstücke o. Ä. (Erstickungsanfälle, Schädigungen des Verdauungstraktes)
- ✓ Auslösen allergischer Reaktionen, etwa durch Nuss- oder Apfelstücke, die nicht zur Rezeptur gehören

Die Anwesenheit von Fremdkörpern im Lebensmittel führt immer dazu, dass so ein Lebensmittel nicht verkehrsfähig ist.
Die Hauptquellen des Eintrags von Fremdkörpern in Lebensmitteln sind einerseits das Fehlverhalten des Personals, andererseits sind es die Abfüll- und Verpackungsprozesse im Lebensmittelbetrieb.

Personal
Das richtige persönliche Verhalten des Personals verhindert ganz entscheidend den Fremdkörpereintrag. Beispielhaft seien hier genannt: Schmuck ablegen, Piercings abdecken, Pflaster mit Metalleinlage benutzen, Brillen mit Trageband sichern, keine persönlichen Gegenstände mit in die Produktion oder Verpackung nehmen. Darüber hinaus müssen Techniker nach Instandsetzungs- oder

Reparaturarbeiten auf Vollständigkeit aller Werkzeuge und Teile achten.

Abfüllung/Verpackung
Sowohl Verpackungsmaterialien als auch abgefallene Teile aus Verpackungsmaschinen verursachen häufig einen Fremdkörpereintrag. Das kann besonders gefährlich werden bei Glassplittern oder -stücken sowie Kunststoffteilen von Packmitteln. Aber auch Transportbehälter, etwa Kunststoffkisten, sind hier von Bedeutung.

Reinigung
In letzter Zeit häufen sich auch Rückrufaktionen von Lebensmitteln wegen Fremdkörpern durch Reinigungsutensilien. So sind beispielsweise Borsten von Reinigungsbürsten oder Metallteile von Kratzern in Zucker oder Keksen gefunden worden.

2 Rechtliche Anforderungen

2.1 Lebensmittelrecht

Prinzip der Lebensmittelrechtsvorschriften ist, dass die Forderungen die gesamte Lebensmittelkette betreffen, das heißt, sie gelten von der Urproduktion bis zur Abgabe an den Verbraucher („from stable to table“, „from farm to fork“). Die rechtlichen Anforderungen zur Lebensmittelhygiene sind in europäischen und nationalen Gesetzen fixiert, wobei das europäische dem deutschen Recht übergeordnet ist.

LFGB und EU-Basisverordnung zum Lebensmittelrecht
Allgemeine Grundsätze und Anforderungen zu allen das Lebensmittel betreffenden Fragen einschließlich der damit verbundenen Futtermittel und Bedarfsgegenstände werden im Lebensmittel- und Futtermittelgesetzbuch (LFGB, 2005) bzw. in der europäischen Basisverordnung zum Lebensmittelrecht, der Verordnung (EG) Nr. 178/2002 (VO [EG] Nr. 178/2002, 2002), geregelt.
Ganz fundamental hierbei sind die Anforderungen zur Lebensmittelsicherheit zum Gesundheitsschutz der Verbraucher. Das nationale Lebensmittel- und Futtermittelgesetzbuch formuliert im § 5 Verbote zum Schutz der Gesundheit; so heißt es hier: „Es ist verboten, Lebensmittel für andere derart herzustellen oder zu behandeln, dass ihr Verzehr gesundheitsschädlich im Sinne des Artikels 14 Abs. 2 Buchstabe a der Verordnung (EG) Nr. 178/2002 ist.“ (LFGB, 2005). Nach dieser EU-Verordnung gelten Lebensmittel als nicht sicher, wenn davon auszugehen ist, dass sie gesundheitsschädlich oder für den Verzehr durch den Menschen ungeeignet sind.
Um die Lebensmittelsicherheit zu gewährleisten, müssen die einschlägigen Hygienevorschriften eingehalten und die betrieblichen Eigenkontrollen unter Berücksichtigung eines HACCP-Konzepts etabliert werden.

Europäische Hygienevorschriften
Das europäische Hygienerecht ist so aufgebaut, dass es eine für alle Lebensmittelunternehmer verbindliche (allgemeine) Lebensmittelhygiene-Verordnung gibt, die Verordnung (EG) Nr. 852/2004 (VO [EG] Nr. 852/2004, 2004), und darüber hinaus noch zusätzliche Anforderungen für Lebensmittel tierischen Ursprungs in der Verordnung (EG) Nr. 853/2004 (VO [EG] Nr. 853/2004, 2004) festgelegt werden.
Basis für die Lebensmittelüberwachung durch die Behörden ist zum einen die allgemeine Kontrollverordnung über amtliche Kontrollen zur Überprüfung der Einhaltung des Lebensmittel- und Futtermittelrechts sowie der Bestimmungen über Tiergesundheit und Tierschutz, die Verordnung (EG) Nr. 882/2004 (VO [EG] Nr. 882/2004, 2004). Zum anderen gibt es auch eine zusätzliche Verordnung mit spezifischen Vorschriften, wenn es um die amtliche Überwachung von zum Verzehr bestimmten Erzeugnissen tierischen Ursprungs geht, die Verordnung (EG) Nr. 854/2004 (VO [EG] Nr. 854/2004, 2004). Diese beiden Verordnungen zur amtlichen Überwachung haben noch Gültigkeit bis zum 14.12.2019; sie werden dann abgelöst durch die Nachfolgeregelung für die amtlichen Lebensmittel- und Futtermittelkontrollen, die neue EU-Kontrollverordnung (VO [EU] 2017/625, 2017), die alle Lebensmittel in sich bündelt und einen besonderen Fokus auf die Bekämpfung des Lebensmittelbetrugs legt.

Verordnung (EG) Nr. 852/2004
Diese Verordnung stellt die generelle Basisregelung der Lebensmittelhygiene für alle Betriebe in sämtlichen Bereichen der Lebensmittelkette bis zur Abgabe an den Verbraucher dar.
Eckpfeiler der Forderungen sind:

- ✓ Die Lebensmittelunternehmer müssen auf allen Produktions-, Verarbeitungs- und Vertriebsstufen von Lebensmitteln die einschlägigen Hygienevorschriften erfüllen.

- Darüber hinaus haben sie die allgemeinen und spezifischen Anforderungen einzuhalten, die für Primärproduzenten im Anhang I, für alle anderen Lebensmittelunternehmer im Anhang II festgelegt sind. Wenn es sich um tierische Lebensmittel handelt, sind zusätzlich die Anforderungen aus der Verordnung (EG) Nr. 853/2004 zu berücksichtigen.
- Die Lebensmittelunternehmer haben ggf. spezifische Hygienemaßnahmen zu sichern, die zum Beispiel die Einhaltung von Temperaturen oder die Überprüfung der mikrobiologischen Unbedenklichkeit der Produkte betreffen.
- Die Lebensmittelunternehmer haben Verfahren, die auf den **HACCP-Grundsätzen** beruhen, einzurichten und anzuwenden. Dies muss gegenüber den Aufsichtsbehörden nachweisbar sein.
- Die Ausarbeitung, die Anwendung und die Verbreitung von einzelstaatlichen sowie auch von gemeinschaftlichen **Leitlinien für eine gute Hygienepraxis** werden von den Mitgliedsstaaten gefördert. Die Lebensmittelunternehmer können diese Leitlinien auf freiwilliger Basis berücksichtigen.
- Alle Betriebe unterliegen einer allgemeinen **Registrierungspflicht**; für Betriebe, die Lebensmittel tierischen Ursprungs verarbeiten, ist zusätzlich eine Zulassung erforderlich.
- Es müssen Systeme und Verfahren eingerichtet sein, die die **Rückverfolgbarkeit** der Lebensmittel und ihrer Zutaten ermöglichen.

Um das Ziel der Hygiene zu erreichen, Gefahren unter Kontrolle zu bringen und zu gewährleisten, dass ein Lebensmittel unter Berücksichtigung seines Verwendungszwecks für den menschlichen Verzehr tauglich ist (VO [EG] Nr. 852/2004), müssen entsprechend Maßnahmen und Vorkehrungen getroffen werden. So wird in der europäischen Verordnung (EG) Nr. 852/2004 über Lebensmittelhygiene von allen Lebensmittelunternehmern gefordert, dass die allgemeinen Hygienevorschriften gemäß Anhang II sowie etwaige spezielle Anforderungen der Verordnung (EG) Nr. 853/2004 zu erfüllen sind. Die Vorschriften aus dem Anhang II der o. g. Verordnung betreffen:

- Betriebsstätten, auch ortsveränderliche und nichtständige Räume, in denen mit Lebensmitteln umgegangen wird
- Beförderung/Transportbedingungen
- Ausrüstungen
- Lebensmittelabfälle
- die Wasserversorgung
- die Hygiene von Personen, die mit Lebensmitteln in Berührung kommen
- Umgang mit dem Lebensmittel
- das Umhüllen und Verpacken von Lebensmitteln
- die Wärmebehandlung bestimmter Lebensmittel, die in geschlossenen Behältern in den Verkehr gebracht werden
- die Schulung der in diesem Sektor tätigen Personen

Verordnung (EG) Nr. 853/2004

Diese Verordnung ergänzt die Basisregelungen zur Lebensmittelhygiene aus der Verordnung (EG) Nr. 852/2004 um die erweiterten Anforderungen beim Umgang mit tierischen Lebensmitteln. Hier wird u. a. verpflichtend die Registrierung bzw. die generelle EU-Zulassung für alle Unternehmen gefordert, die mit tierischen Lebensmitteln in der Gemeinschaft umgehen. Begriffe für tierische Lebensmittel, die in allen EU-Gesetzen eine Rolle spielen, sind in Anhang I definiert

und wichtig bei der Zuordnung der im eigenen Betrieb verwendeten Lebensmittel.
Im Anhang II findet man Forderungen zu Identitätskennzeichnung, HACCP-Verfahren sowie Informationen zur Lebensmittelkette. Konkrete Anforderungen beim Umgang mit einzelnen Lebensmittelgruppen werden im Anhang III dargelegt, wo auch Temperaturvorschriften implementiert sind. Als Beispiel sei hier der Abschnitt V – Hackfleisch/Faschiertes, Fleischzubereitungen und Separatorenfleisch genannt, wo Vorschriften für Herstellungsbetriebe, Vorschriften für Rohstoffe, Hygiene während und nach der Herstellung sowie die Kennzeichnung behandelt werden.

Nationale Gesetze
Hier sind zunächst Hygienevorschriften zu nennen, die das EU-Recht ergänzen oder konkretisieren; dazu gehören die Lebensmittelhygiene-Verordnung (LMHV, 2007, 2016) und die Tierische Lebensmittelhygiene-Verordnung (Tier-LMHV, 2007). Sie realisieren die Anpassung der Hygieneanforderungen in Deutschland für Bereiche, die durch die EU-Vorschriften nicht berücksichtigt wurden.

Lebensmittelhygiene-Verordnung (LMHV, 2007, 2016)
So definiert die LMHV Begriffe wie „nachteilig beeinflusst" oder „leicht verderblich" (vgl. Kap. 1.4.6), wodurch eine Konkretisierung allgemeiner Forderungen aus dem EU-Hygienerecht möglich wird. Durch den Begriff „nachteilig beeinflusst" wird die unbestimmte Formulierung aus der VO (EG) Nr. 178/2002 „für den Verzehr nicht geeignet" näher untersetzt, was ja nach EU-Recht dazu führt, dass ein Lebensmittel als nicht sicher gilt und nicht vermarktet werden darf. Weitere Ergänzungen betreffen die

- Anforderungen zur Schulung von Mitarbeitern, die mit leicht verderblichen Lebensmitteln umgehen,

- Anforderungen an die Abgabe kleiner Mengen von Primärerzeugnissen sowie
- Anforderungen bei der Herstellung traditioneller Lebensmittel.

Die erweiterten Anforderungen zur Schulung von Mitarbeitern, die mit leicht verderblichen Lebensmitteln umgehen, besagen, dass Personen nur mit diesen Lebensmitteln umgehen dürfen, wenn sie Fachkenntnisse über Lebensmittelhygiene nachweisen können – das heißt zum Beispiel Schulung mit Erfolgskontrolle! Damit geht das deutsche Recht über die EU- Schulungsanforderungen weit hinaus. Die Themen zu den Fachkenntnissen werden in Anlage 1 der LMHV aufgelistet.

Tierische Lebensmittelhygiene-Verordnung (Tier-LMHV, 2007)
Durch die Tier-LMHV werden u. a. folgende Punkte geregelt:

- Abgabe **kleiner** Mengen bestimmter Primärerzeugnisse und Lebensmittel tierischen Ursprungs
- Anforderungen bei der Abgabe von Lebensmitteln tierischen Ursprungs im Einzelhandel
- Anforderungen an das Herstellen, Behandeln und Inverkehrbringen von Lebensmitteln im Anwendungsbereich der Verordnung (EG) Nr. 853/2004 wie etwa
    - Zulassung von Betrieben
    - Informationen zur Lebensmittelkette
    - Schlachtungen außerhalb von Schlachthöfen
    - Abgabe von Wild
    - Untersuchung von Rohmilch
    - Innentemperaturen von Lebensmitteln
- gemeinsame Anforderungen an die Abgabe kleiner Mengen von Lebensmitteln, den Einzelhandel und das Herstellen, Behandeln und Inverkehrbringen von Lebensmit-

teln im Anwendungsbereich der Verordnung (EG) Nr. 853/2004

- ✓ Warnhinweise Hackfleisch
- ✓ Inverkehrbringen aufgetauter Lebensmittel
- ✓ Abgabe Rohmilch
- ✓ Vorzugsmilch
- ✓ besondere Anforderungen bei Abgabe roheihaltiger Lebensmittel
- ✓ Eigenkontrollen

AVV Lebensmittelhygiene – AVV LmH

Die Allgemeine Verwaltungsvorschrift über die Durchführung der amtlichen Überwachung der Einhaltung von Hygienevorschriften für Lebensmittel tierischen Ursprungs (AVV Lebensmittelhygiene – AVV LmH, 2009) enthält beispielsweise Vorgaben zum Zulassungsverfahren, Vorgaben zu den Eigenkontrollen sowie Auslegungshinweise für viele unbestimmte Begriffe des EU-Rechts.

Weitere wichtige nationale Gesetze sind das Infektionsschutzgesetz (IfSG, 2000) mit Anforderungen für Beschäftigte in Lebensmittelbetrieben sowie die Trinkwasserverordnung (TrinkwV 2001, 2016).

Infektionsschutzgesetz (IfSG, 2000)

Für Tätigkeiten im Lebensmittelbereich ist wichtig zu wissen, dass das Infektionsschutzgesetz in den §§ 42 und 43 die gesundheitlichen Anforderungen an das Personal beim Umgang mit Lebensmitteln vorschreibt. Diese betreffen Personen, die mit folgenden Lebensmitteln umgehen:

1. Fleisch, Geflügelfleisch und Erzeugnisse daraus
2. Milch und Erzeugnissen auf Milchbasis

3. Fische, Krebse oder Weichtiere und Erzeugnisse daraus
4. Eiprodukte
5. Säuglings- und Kleinkindernahrung
6. Speiseeis und Speiseeishalberzeugnisse
7. Backwaren mit nicht durchgebackener oder durcherhitzter Füllung oder Auflage
8. Feinkost-, Rohkost- und Kartoffelsalate, Marinaden, Mayonnaisen oder andere emulgierte Soßen, Nahrungshefen
9. Sprossen und Keimlinge zum Rohverzehr sowie Samen zur Herstellung von Sprossen und Keimlingen zum Rohverzehr

Außerdem betreffen die Forderungen Personen, die in **Küchen** von Gaststätten und Einrichtungen mit und zur Gemeinschaftsverpflegung tätig sind.
Für alle diese Personen bestehen gemäß § 42 Tätigkeits- und Beschäftigungsverbote, wenn

- sie erkrankt sind oder der Verdacht besteht, dass sie an Typhus abdominalis, Paratyphus, Cholera, Shigellenruhr, Salmonellose, infektiöser Gastroenteritis, Virushepatitis A oder E zu leiden,
- sie an infizierten Wunden oder Hautkrankheiten leiden oder
- sie Ausscheider („eine Person, die Krankheitserreger ausscheidet und dadurch eine Ansteckungsquelle für die Allgemeinheit sein kann, ohne krank oder krankheitsverdächtig zu sein" [IfSG, 2000]) von Shigellen, Salmonellen, EHEC oder Choleravibrionen sind.

Gemäß § 43 IfSG dürfen die Personen in den o. g. Lebensmittelbereichen erst tätig werden, wenn sie vom Gesundheitsamt eine sogenannte Erstbelehrung über diese Tätigkeits- und Beschäftigungsverbote sowie die damit verbundene Meldepflicht beim Arbeitgeber erhalten haben. Außerdem müssen die belehrten Personen selbst eine schriftliche Erklärung darüber abgelegt haben, dass ihnen keine Tatsachen für diese Arbeitsverbote bekannt sind. Bei Ersteinstellung darf die Erstbelehrung nicht älter als 3 Monate sein. Der Arbeitgeber seinerseits muss das Personal bei Neueinstellung belehren und regelmäßig alle zwei Jahre eine Folgebelehrung durchführen.

Trinkwasserverordnung (TrinkwV 2001)
Die Trinkwasserverordnung (TrinkwV 2001, 2016) legt die Anforderungen für ein gesundheitlich unbedenkliches Trinkwasser fest. In dem Zusammenhang wird auch das Wasser für Lebensmittelbetriebe definiert; es ist nach TrinkwV (§ 3, Abs. 1 b) „alles Wasser, das in einem Lebensmittelbetrieb verwendet wird für die Herstellung, Behandlung, Konservierung oder zum Inverkehrbringen von Erzeugnissen oder Substanzen, die für den menschlichen Gebrauch bestimmt sind …"
Das bedeutet einerseits, dass im Lebensmittelbetrieb generell nur Wasser von Trinkwasserqualität zu verwenden ist, egal in welchem Aggregatzustand oder für welche Arbeiten es gebraucht wird. Andererseits erwachsen für den Lebensmittelunternehmer Pflichten, das von ihm im Unternehmen verwendete Trinkwasser nach Vorgaben der Trinkwasserverordnung im Rahmen seiner Eigenkontrollen auf mikrobiologische Unbedenklichkeit untersuchen zu lassen. Das betrifft sowohl das Trinkwasser aus der Leitung (Zapfstellen) als auch das Wasser in Wassertransportfahrzeugen oder verschlossenen Behältnissen.

2.2 Leitlinien für eine gute Hygienepraxis

Durch die europäische Lebensmittelhygiene-Verordnung (Artikel 8) VO (EG) Nr. 852/2004 wird ausdrücklich auf die Möglichkeit der Ausarbeitung, der Anwendung und der Verbreitung von einzelstaatlichen Leitlinien für eine gute Hygienepraxis (GHP) verwiesen. Diese sollen bei der Umsetzung der teilweise sehr allgemein gehaltenen Forderungen des EU-Hygienerechts eine Hilfe sein. Sie müssen allerdings notifiziert, das heißt, durch die zuständigen Behörden geprüft und anerkannt sein, bevor sie von den Betrieben als offiziell anerkannte Leitlinie für eine gute Hygienepraxis (auf freiwilliger Basis) verwendet werden können. Dennoch sind sie keine Rechtsquellen, können aber als Interpretationshilfe für viele unbestimmte Rechtsbegriffe aus den Verordnungen genutzt werden. In Deutschland werden solche Leitlinien von Gremien des Deutschen Instituts für Normung (DIN) erarbeitet sowie von Verbänden der Wirtschaft oder sozialen Einrichtungen.

DIN-Normen
Durch entsprechende Gremien des Deutschen Instituts für Normung sind unter dem Dach des Normenausschusses Lebensmittelhygiene viele DIN-Empfehlungen zur Lebensmittelhygiene erarbeitet worden, die auch einem systematischen Rhythmus der Aktualisierung unterliegen. Tabelle 2.1 enthält eine Übersicht einiger wichtiger lebensmittelhygienischer DIN-Empfehlungen, die als Leitlinien für eine gute Hygienepraxis anerkannt (das heißt geprüft und notifiziert gemäß Art. 8 der VO (EG) Nr. 852/2004) sind.

Branchenleitlinien
Von den verschiedensten Wirtschaftsverbänden, aber auch von sozialen Verbänden wurden GHP-Leitlinien (GHP = gute Hygienepraxis) erarbeitet, die gemäß Artikel 8 der VO (EG) Nr. 852/2004 anerkannt wurden. Eine aktuelle Übersicht dazu, wie auch zu den

Tab. 2.1 Wichtige DIN-Normen zur Lebensmittelhygiene

DIN 10506	Gemeinschaftsverpflegung
DIN 10508	Temperaturen für Lebensmittel
DIN 10510	Gewerbliches Geschirrspülen mit Mehrtank-Transportgeschirrspülmaschinen – Hygieneanforderungen
DIN 10511	Gewerbliches Gläserspülen mit Gläserspülmaschinen – hygienische Anforderungen – Prüfung
DIN 10512	Gewerbliches Geschirrspülen mit Eintank-Geschirrspülmaschinen – hygienische Anforderungen – Typprüfung
DIN 10514	Hygieneschulung
DIN 10516	Reinigung und Desinfektion
DIN 10522	Gewerbliches maschinelles Spülen von Mehrwegkästen und Mehrwegbehältnissen für unverpackte Lebensmittel
DIN 10523	Schädlingsbekämpfung im Lebensmittelbereich
DIN 10524	Arbeitskleidung in Lebensmittelbetrieben
DIN 10526	Rückstellproben in der Gemeinschaftsverpflegung
DIN SPEC 10534	Gewerbliches maschinelles Spülen – Hygieneanforderungen, Prüfung
DIN 10536	Cook & Chill-Verfahren – Hygieneanforderungen

DIN-Normen, kann auf der Internetseite des Bundes für Lebensmittelrecht und Lebensmittelkunde e. V. (BLL) abgerufen werden (https://www.bll.de/de/lebensmittel/sicherheit/hygiene).
Für Einrichtungen der Gastronomie- und Gemeinschaftsverpflegungsbetriebe sind folgende Leitlinien besonders hilfreich:

- ✓ Deutscher Hotel- und Gaststättenverband e. V. (DEHOGA) *Hygiene-Leitlinie für die Gastronomie* (DEHOGA, 2009 bzw. 2012)
- ✓ Deutscher Caritasverband e. V. und Diakonie Deutschland (Hrsg.): ❶ *Wenn in sozialen Einrichtungen gekocht wird.* Leitlinie für eine gute Lebensmittelhygienepraxis in sozialen

Einrichtungen – erstellt und anerkannt gemäß Artikel 8 der Verordnung (EG) über Lebensmittelhygiene Nr. 852/2004 (CARITAS, DIAKONIE, 2009)

❷ *Wenn in sozialen Einrichtungen gekocht wird.*

Leitlinie für eine gute Lebensmittelhygienepraxis in Zentralküchen – Zusatzveröffentlichung zur Leitlinie für eine gute Lebensmittelhygienepraxis in sozialen Einrichtungen – *Ergänzung zum Grundwerk für Zentralküchen und Cook & Chill* (CARITAS, DIAKONIE, 2016)

2.3 Zulassung von Betrieben

Seit dem 01.01.2006 schreibt die Europäische Verordnung VO (EG) Nr. 853/2004 eine Zulassung für alle Betriebe vor, die mit tierischen Lebensmitteln wie beispielsweise Fleisch, Milch oder Eiern (oder neuerdings auch Sprossen) umgehen.

Nach einer Übergangsfrist gilt das unter bestimmten Umständen auch für handwerklich strukturierte Betriebe sowie Gastronomie- und Großküchen. Ob eine Küche eine EU-Zulassung benötigt, ist von mehreren Fakten abhängig:

- Herstellung, Verarbeitung bzw. Vertrieb von Lebensmitteln tierischer Herkunft
- Es werden mehr als 1/3 der o. g. produzierten Speisen an externe Betriebe (dazu gehören auch Relaisküchen) abgegeben.
- Eine Zulassungspflicht kann aber auch bestehen, wenn zwar weniger als 1/3 der Produktion extern ausgeliefert werden, aber die Entfernung mehr als 100 km von der Produktionsstätte beträgt.

Da jedoch aus den entsprechenden EU-Verordnungen nicht ganz eindeutig erkennbar ist, ob eine Zulassungspflicht besteht oder nicht, sollte dieses von Fall zu Fall mit der zuständigen Behörde gemeinsam abgeklärt werden. Hilfreich dabei ist auch die vom Bundesministerium für Ernährung und Landwirtschaft veröffentlichte Bekanntmachung dazu (BMEL, 2014).

3 Hygienemanagement

3.1 Betriebsstätten und Räume

3.1.1 Grundsätzliches

Die europäische Lebensmittelhygieneverordnung (VO [EG] Nr. 852/2004) verlangt von Betriebsstätten der Lebensmittelbranche, dass sie so konzipiert werden müssen, dass eine angemessene Instandhaltung, Reinigung und gegebenenfalls Desinfektion möglich sind sowie aerogene Kontaminationen vermieden oder auf ein Mindestmaß beschränkt werden. Außerdem müssen ausreichende Arbeitsflächen vorhanden sein, die hygienisch einwandfreie Arbeitsgänge ermöglichen. Des Weiteren wird gefordert, dass

- die Ansammlung von Schmutz, der Kontakt mit toxischen Stoffen, das Eindringen von Fremdteilchen in Lebensmittel, die Bildung von Kondenswasser oder unerwünschte Schimmelbildung auf Oberflächen vermieden werden
- eine gute Lebensmittelhygiene, einschließlich Schutz vor Kontaminationen und insbesondere die Schädlingsbekämpfung, gewährleistet ist
- und, soweit erforderlich, geeignete Bearbeitungs- und Lagerräume vorhanden sind, die ggf. eine registrierbare Temperaturkontrolle ermöglichen müssen und eine ausreichende Kapazität bieten, damit die Lebensmittel auf einer geeigneten Temperatur gehalten werden können.

Daraus ist zu folgern, dass der Arbeitsaufgabe entsprechende Räume vorhanden sein müssen, die die Produktion, Abfüllung und Lagerung der Lebensmittel im Rahmen einer „guten Hygienepraxis“ gestatten.

In diesem Zusammenhang sei auf die in der DIN 10506 (2018) bzw. für Cook & Chill-Küchen in der DIN 10536 (2016) grundsätzlich beschriebenen Anforderungen zur Planung, Konstruktion und zum Betreiben von Einrichtungen der Gemeinschaftsverpflegung verwiesen. Um eine gute Lebensmittelhygiene sicherzustellen, müssen also Betriebsstätten so geplant, angelegt, konzipiert und gebaut werden, dass sie sauber und instand gehalten werden, die erforderlichen Temperaturen in den Räumen realisiert sowie Kreuzkontaminationen vermieden werden können. Betriebsabläufe und Verkehrswege sind so zu gestalten, dass Kreuzungen der Wege von unreiner und reiner Seite vermieden werden; Produktionsabläufe in reinen und unreinen Bereichen müssen unbedingt räumlich oder zeitlich getrennt voneinander ablaufen, um Kreuzkontaminationen zu vermeiden. Die sogenannte **reine Seite** ist nach DIN 10506 (DIN 10506, 2018) ein Hygienebereich, in dem aus Gründen der Lebensmittelsicherheit eine niedrige Keimbelastung erforderlich ist, die durch Aufrechterhaltung eines hohen Hygieneniveaus erreicht werden kann. Unter **unreiner Seite** hingegen werden Bereiche verstanden, in denen eine höhere Keimbelastung herrscht, welche durch Hygienemaßnahmen nur in begrenztem Umfang eingeschränkt werden kann.
Weitere Voraussetzungen für das Realisieren einer guten Hygienepraxis sind:

- einwandfreie Versorgung mit Trinkwasser
- hygienegerechte Entsorgung von Abwasser und Abfällen
- einwandfreie Luftführung und
- Reinigung und Desinfektion sowie die Schädlingsfreihaltung

3.1.2 Raumkonzept – Funktionsbereiche

Räumlichkeiten sollten grundsätzlich so angelegt sein, dass eine Kreuzkontamination im Prozessfluss vermieden wird und eine ef-

fiziente Reinigung und Desinfektion erfolgen kann. Funktion und Anordnung der Räume müssen also so aufeinander abgestimmt sein, dass weder eine Kontamination mit Keimen und Schmutz während der Lebensmittelherstellung und Verpackung noch eine Keimanreicherung möglich sind.
Im Raumnutzungskonzept sollten berücksichtigt werden:

1. Personalwege
2. Warenfluss einschließlich Produktwege
3. Transport- und Lagerbedingungen und
4. Temperaturen

Ausgehend von der Raumnutzung und dem Verarbeitungszustand der Lebensmittel, wie nass und trocken oder warm und kalt, sind die erforderlichen Arbeits-/Raumtemperaturen und die relative Luftfeuchtigkeit zu realisieren. Die Betriebsabläufe müssen so organisiert werden, dass innerbetriebliche Abläufe kurz und nicht rückläufig sind und es keine Kreuzungsbereiche der Waren gibt.
Das alles ist nur durch eine dies berücksichtigende Anordnung der Räume sowie eine hygienegerechte Anordnung der Maschinen und Geräte innerhalb der Produktionsbereiche möglich.
Für Küchen sind als Funktionsbereiche zu berücksichtigen:

- Anlieferung und Warenannahme
- Lagerung (Packmittellager, Trockenlager, Konservenlager, Kühllager, Tiefkühllager)
- Transportwege
- Vorbereitung (Auspackbereich, Auftaubereich, Fleischvorbereitung, Schälküche)
- Produktion (Warmküche/Garküche, kalte Küche, Patisserie)
- Abfüllung/Portionierung/Kommissionierung

- Speisenausgabe und -verteilung
- weitere Bereiche: Spülküche, Abfalllager, Reinigungsmittellager, Sozialbereiche

Zusätzlich sind bei Kühlkostherstellung die Schnellkühlung, das Kühllager für Fertigprodukte (in der Zentralküche und gegebenenfalls in der Zubereitungs-/Relaisküche) und der Raum für die Kaltportionierung zu berücksichtigen.
Um Rekontaminationsgefahren (Bakterien, Schimmelpilze, Staub etc.) für das Produkt zu vermeiden, sind die Bereiche getrennt nach „rein" und „unrein" zu bewirtschaften. Reine Bereiche haben ein hohes Hygieneniveau, um eine niedrige Keimbelastung zu gewährleisten.

Zur **reinen** Seite gehören:

- Lebensmittelzubereitung
  - Garen, Abfüllen/Heißportionieren, Schnellkühlen, Kaltportionieren
  - Verpackung der fertigen Speisen einschließlich der dazugehörigen Transportwege
- Lagerung gereinigten Geschirrs und sonstiger Transportbehälter
- Lagerung der fertigen oder auch halbfertigen Speisen (Kühllager etc.)
- gegebenenfalls Speisenausgabe

Zur **unreinen** Seite gehören:

- Warenannahme
- Lager- und Kühlräume für Rohprodukte und Verpackungsmaterial

- Auspackbereich, Auftaubereich, Fleischvorbereitung, Schälküche
- Entsorgungsbereiche
- Wasch- und Spülbereiche
- sanitäre Einrichtungen

3.1.3 Bauliche Anforderungen

Generell gilt, dass Fußböden, Wände, Decken, Fenster, Türen sowie Lüftung, Fußbodeneinläufe, Installationen und Ausrüstungen so zu gestalten sind, dass eine nachteilige Beeinflussung der Lebensmittel vermieden wird. Dehnungsfugen und Leitungsführungen durch Wände, Fußböden und Decken sind abzudichten.

RÄUME

Fußboden
Er muss hell sein und aus Materialien bestehen, die in einwandfreiem Zustand haltbar und leicht zu reinigen und zu desinfizieren sind. Der Fußboden muss wasserundurchlässig, wasserabstoßend und abwaschbar sein. Der Übergang der Wand zum Fußboden sollte abgerundet sein (Hohlkehle), damit der Schmutz besser entfernt werden kann. Er muss eine hygienegerechte Abwasserableitung ermöglichen. Das bedeutet, dass ein leichtes Gefälle (zirka 1–1,5 %) in Richtung Ablaufrinne bzw. Gully bestehen muss und ausreichend Ablauföffnungen vorhanden sein müssen. Letztere müssen mit leicht entfernbaren Schmutzauffangbehältern sowie Abdeckungen versehen sein.

Wände
Wände müssen glatt, hell, wasserundurchlässig, leicht zu reinigen und erforderlichenfalls zu desinfizieren sein.

Decke
Die Decke sollte glatt, hell und so gestaltet sein, dass keine Ansammlung von Schmutz und Kondenswasser, keine Schimmelpilzbildung sowie kein Ablösen von Materialien möglich werden.

Beleuchtung
Die Beleuchtung muss gewährleisten, dass die Beschaffenheit der Lebensmittel einwandfrei erkennbar ist (genügend Lampen mit ausreichender Lux-Zahl). Die Leuchtkörper müssen abgedeckt sein und über einen Splitterschutz verfügen.

Fenster, Türen
Sie sollten aus hellem, glattem, abwaschbarem Material bestehen und in einem einwandfreien Zustand haltbar sein sowie leicht zu reinigen und erforderlichenfalls zu desinfizieren sein. Fenster und sonstige Öffnungen, die ins Freie führen, sind mit leicht abnehmbaren und reinigungsfähigen Insektengittern auszurüsten.

Lüftung
Durch eine angemessene natürliche oder künstliche Be- und Entlüftung muss gewährleistet werden, dass es weder zu Keimverteilung in den Räumen noch zu Kondenswasserbildung und/oder Schimmelpilzbefall der Decken oder Wände in den Räumen kommt sowie eine angemessene Temperaturregulierung und ein Abtransport der Riechstoffe möglich ist. Künstlich erzeugte Luftströme dürfen nur so verlaufen, dass die Abluft vom reinen in den unreinen Bereich strömt. Darüber hinaus sind Küchen mit einer mechanischen Abluftanlage zur Erfassung und zum Abtransport von Küchenwrasen (Dunstabzugshaube, Abluftdecke oder dergleichen) zu versehen. Alle dem Lüftungssystem zugehörigen Teile (Filter etc.) müssen leicht zugänglich und leicht zu reinigen sein.

Weitere Vorrichtungen
Notwendige Vorrichtungen zum Reinigen, Desinfizieren und Lagern von Arbeitsgeräten und Ausrüstungen müssen aus korrosionsfesten Materialien hergestellt, leicht zu reinigen sein und ggf. über eine angemessene Warm- und Kaltwasserzufuhr verfügen. Das Gleiche betrifft Vorrichtungen zum Waschen von Lebensmitteln. Diese müssen immer getrennt von Handwaschbecken oder Becken zur Geschirrreinigung sein.

LAGERUNG UND RAUMTEMPERATUREN

Lebensmittellager dienen der sachgerechten Ein- und Zwischenlagerung von Lebensmitteln, Rohstoffen und aller Zutaten, die in einer Betriebsstätte vorrätig gehalten werden. Diese sind so zu lagern, dass sie nicht nachteilig, etwa durch Keime, Schmutz oder Gerüche, beeinflusst werden. Lagerbereiche können beispielsweise Räume, Schränke oder abgetrennte Einheiten (zum Beispiel Regale, geschlossene Behälter) sein. Neben der baulichen Gestaltung sowie dem Zustand und der Sauberkeit der Räume sind besonders die Anforderungen an Temperaturen der Lager- und Arbeitsbereiche zu erfüllen. Kühllager dienen der sachgerechten Ein- und Zwischenlagerung von kühlbedürftigen Lebensmitteln; diese sind unter Beachtung der Temperaturanforderungen der jeweiligen Produktgruppe und unter Aufrechterhaltung der Kühlkette zu lagern. Welche Temperaturanforderungen zu beachten sind, ist in der DIN 10508 (2012) bzw. für Cook & Chill-Produkte in der DIN 10536 beschrieben. Davon leiten sich auch entsprechende Raumtemperaturen ab. Nachfolgende Tabelle 3.1 enthält einen Ausschnitt der Angaben aus der DIN 10508 (2012) bzw. der Angaben aus der DIN 10536 (2016).
Oberster Grundsatz bei der Lagerung von Lebensmitteln ist, dass keine nachteilige Beeinflussung der Lebensmittel erfolgt. Daher müssen noch weitere, allgemeine Punkte bei der Lagerung beachtet werden, die unter dem Kap. 3.3.2 genauer beschrieben werden.

Tab. 3.1 Temperaturanforderungen nach DIN 10508 (Ausschnitt) bzw. DIN 10536

Produktgruppe	**Höchsttemperaturen**[1)]
Fleisch, frisch	7 °C
Fleischerzeugnisse (leicht verderblich)	7 °C
Innereien	3 °C
Fleischzubereitungen	4 °C
Hackfleisch	2 °C
Geflügel, frisch Kaninchen, frisch	4 °C
Geflügelfleischzubereitungen	4 °C
Konsummilch, pasteurisiert	8 °C
Butter, Frischkäse, andere Milcherzeugnisse, kühlbedürftig	10 °C
roheihaltige Lebensmittel	7 °C
Eiprodukte, Flüssigei	4 °C
andere leicht verderbliche Produkte wie Backwaren mit nicht durcherhitzter Füllung oder Auflagen; frische, zerkleinerte Salate, Feinkostsalate u. Ä.	7 °C
Tiefkühlwaren	- 18 °C
Cook & Chill-Speisen (DIN 10508 bzw. DIN 10536)	
Kaltportionierung	7 °C
Lagerung	3 °C
Transport	3 °C bei Weiterlagerung 7 °C bei sofortigem Regenerieren

1) Produkt (= Kern-)temperatur

3.2 Personal

Da durch das Personal eine große Übertragungsgefahr von Krankheits- und Verderbniserregern auf das Produkt besteht und sich diese beim fehlerhaften Umgang mit den Speisen hier gut vermehren können, bestehen spezielle Anforderungen zum Infektionsschutz gemäß § 42 und § 43 des Infektionsschutzgesetzes (IfSG, 2000) und zum persönlichen Verhalten der Mitarbeiter. In Schulungen sind diese darüber zu belehren bzw. aufzuklären.
Die Schwerpunkte der Hygieneanforderungen an das Personal betreffen somit vor allem die Belehrungen über Tätigkeits- und Beschäftigungsverbote und der damit verbundenen Meldepflicht der Mitarbeiter nach dem Infektionsschutzgesetz (IfSG), die Hygienekleidung und das persönliche Verhalten sowie die Händehygiene (s. Kap. 3.4.6) und die Hygieneschulung.

Belehrung über Tätigkeits- und Beschäftigungsverbote nach dem IfSG
Mitarbeiter, die mit leicht verderblichen Lebensmitteln umgehen, müssen nach dem Infektionsschutzgesetz über Tätigkeits- und Beschäftigungsverbote gemäß § 42 der IfSG (2000) belehrt werden. Diese Verbote bestehen für Personen, die erkrankt oder verdächtig oder Keimausscheider von infektiösen Magen-Darm-Erkrankungen wie Typhus abdominalis, Paratyphus, Cholera, Shigellenruhr, Salmonellose, eine andere infektiöse Gastroenteritis oder Virushepatitis A oder E sind. Wenn Mitarbeiter infizierte Wunden haben, dürfen sie ebenfalls nicht mit Lebensmitteln umgehen, wenn hier eine Kontaminationsgefahr besteht. Sie haben sich in all diesen Fällen beim Arbeitgeber zu melden. Vor ihrer Einstellung im Betrieb ist die Bescheinigung über die erfolgte Erstbelehrung gemäß § 43 IfSG durch das Gesundheitsamt vorzulegen. Anschließend hat der Arbeitgeber die Folgebelehrung nach Einstellung und alle zwei Jahre (Folgebelehrung) durchzuführen (vgl. Kapitel 2.1).

Hygienekleidung und das persönliche Verhalten

Durch die Betriebe ist eine hygienegerechte Arbeitskleidung der Mitarbeiter zu sichern und auf ein hohes Maß an persönlicher Hygiene zu achten. So lautet die gesetzliche Forderung aus der allgemeinen europäischen Lebensmittelhygiene-Verordnung: „Personen, die in einem Bereich arbeiten, in dem mit Lebensmitteln umgegangen wird, müssen ein hohes Maß an persönlicher Sauberkeit halten; sie müssen geeignete und saubere Arbeitskleidung und erforderlichenfalls Schutzkleidung tragen" (VO [EG] Nr. 852/2004, 2004, Anhang II, Kap. VIII). Gegebenenfalls ist eine über das übliche Maß an Hygienekleidung in der Produktion (Oberteil, Hose, Schuhe, Kopfbedeckung) hinausgehende Kleidung erforderlich, so zum Beispiel bei der Kaltportionierung von Cook & Chill-Fertigprodukten. Hier ist darauf zu achten, dass die Mitarbeiter Gummi- bzw. Latexhandschuhe und einen Mundschutz tragen, damit es nicht zu einer sekundären bakteriellen Kontamination der Speisen kommen kann. Das persönliche Verhalten sollte den Mitarbeitern erklärt und immer wieder in den vorgeschriebenen Hygieneschulungen erläutert werden. Dazu gehören auch die Maßnahmen zur Händehygiene.

Hygieneschulung

Das europäische Recht fordert, dass Mitarbeiter in Hygienefragen zu schulen sind und auch ihr Hygieneverhalten überprüft wird. Die durch die europäische Lebensmittelhygiene-Verordnung VO (EG) Nr. 852/2004 geforderten regelmäßigen Hygieneschulungen müssen sowohl allgemeine Hygieneanforderungen als auch tätigkeitsbezogene Hygieneanforderungen der Mitarbeiter berücksichtigen. Schwerpunkte hierbei sind beispielsweise die

- besondere Verantwortung des Einzelnen bei der Umsetzung der personalhygienischen Grundforderungen

(Gesundheitszustand, persönliches Verhalten, Hygienekleidung, Händehygiene), um mikrobielle Rekontaminationen der erhitzten Produkte bei der Abfüllung bzw. Kaltportionierung zu verhindern

- Bedeutung der Verwendung hygienisch einwandfreien Geschirrs
- große Bedeutung der Einhaltung der vorgegebenen Prozessparameter für die gesundheitliche Unbedenklichkeit des Endprodukts bei allen Erhitzungs-, Schnellkühl-, Portionier- und Kühllagerprozessen

sowie

- der verantwortungsvolle Umgang mit allen im Rahmen des HACCP-Konzepts vorgeschriebenen Maßnahmen, insbesondere der Umgang mit den CCP (s. Kap. 4) zur Absicherung der gesundheitlichen Unbedenklichkeit der Speisen.

Da nach § 4 der nationalen LMHV (LMHV, 2007, 2016) von Mitarbeitern, die mit leicht verderblichen Lebensmitteln (Lebensmittel, die nur unter bestimmten Temperaturen lagerfähig sind, da sie sonst verderben) umgehen, ein Nachweis der erworbenen Fachkenntnisse in Hygiene verlangt wird, ist am Ende von Hygieneschulungen ein Test als Erfolgskontrolle durchzuführen. Mitarbeiter, die diesen Test nicht bestanden haben, sind erneut zu schulen und zu prüfen.
Zur Durchführung der Hygieneschulung gibt die DIN 10514 (DIN 10514, 2009) eine gute Hilfestellung. Danach ist die Schulung vor erstmaliger Aufnahme der Tätigkeit und mindestens einmal pro Jahr durchzuführen. Die nach § 43 IfSG (Infektionsschutzgesetz) erforderliche Folgebelehrung kann zusammen mit der Hygieneschulung durchgeführt werden.
Des Weiteren müssen alle Mitarbeiter zu Fragen des HACCP geschult werden. Das betrifft zum einen die Grundlagen und zum anderen die

speziellen Anforderungen, die sich bei der Umsetzung im eigenen Betrieb ergeben.

Händehygiene
Ausführliches zur Händehygiene unter Kap. 3.4.6

3.3 Produkthandhabung

3.3.1 Grundsätzliches

Um ein gesundheitlich unbedenkliches und qualitativ hochwertiges Endprodukt zu erzeugen, müssen Rohwaren, Herstellungs- und Lagervorgänge sowie die Speisenausgabe hygienisch einwandfrei sein. Das beginnt bei den Rohwaren, die frisch sein müssen und mikrobiologisch gering belastet (niedrige Ausgangskeimzahlen). Koch- und Garprozesse sollten in der Lage sein, vorhandene vegetative pathogene Keime und Verderbniserreger abzutöten. Sämtliche Verarbeitungsprozesse müssen zügig ablaufen.
Bei vor der Speisenausgabe heißgehaltener Frischkost müssen die Temperaturen so hoch sein, dass (vegetative) pathogene Keime nicht überleben können und während des schnellen, schockartigen Abkühlprozesses bei Kühlkost dürfen Keime durch zu langsames Abkühlen keine Chance zur Vermehrung bekommen. Bei Abfüllprozessen ist eine erneute Keimkontamination der Speisen zu vermeiden und durch kalte Temperaturen bei der Kaltportionierung und Lagerung von Cook & Chill-Produkten soll verhindert werden, dass es zu einer Keimvermehrung kommt. Regenerierprozesse und Speisenausgabeparameter sind ebenfalls aus Gründen der Speisenqualität sachgerecht auszuführen. Ein Schlüsselproblem für die Lebensmittelsicherheit stellt die Einhaltung von Temperaturanforderungen dar.

3.3.2 Wareneingang und Lagerung

Wareneingangskontrolle
Nach der europäischen Lebensmittelhygiene-Verordnung VO (EG) Nr. 852/2004 müssen Zutaten, Rohwaren oder andere Materialien beim Wareneingang auf hygienische Unbedenklichkeit geprüft werden. Bei dieser Wareneingangskontrolle, die dokumentiert werden muss, ist besonders darauf zu achten, ob die Ware einwandfrei beschaffen und richtig deklariert ist und ob die notwendigen Kühl- bzw. Tiefkühltemperaturen der Lebensmittel bei ununterbrochener Kühlkette bei der Anlieferung eingehalten werden. Des Weiteren ist das MHD (Mindesthaltbarkeitsdatum) zu überprüfen. Zu den erforderlichen Kühl-/Tiefkühltemperaturen der Lebensmittel sei auf Tabelle 3.1 in Kapitel 3.1.3 verwiesen, in der Produkttemperaturen (= Kerntemperaturen) aufgeführt sind. Für die Temperaturmessungen sind kalibrierte und geeichte Messgeräte zu verwenden. Nach dem Wareneingang sind die kühlbedürftigen Lebensmittel unverzüglich in die entsprechenden Kühlbereiche zu verbringen, sodass es zu keiner Unterbrechung der Kühlkette kommt.

Lagerung
Für leicht verderbliche Lebensmittel oder produzierte Speisen sind Kühlräume erforderlich, für Tiefkühlprodukte erfolgt die Lagerung in Tiefkühlräumen. Diese Räume müssen die gesetzlich vorgeschriebenen Lagertemperaturen aufweisen (s. auch Kapitel 3.1.3). Für die Lagerung von Konserven oder Trockenprodukten müssen Trockenlager vorhanden sein.

Als allgemeine Anforderungen gilt für die Lagerung von Lebensmitteln:

- Lebensmittel müssen getrennt nach Lebensmittelgruppen gelagert werden. Dazu sind verschiedene Lagerräume bzw. Kühlschränke oder -zonen erforderlich.
- Prinzip immer: keine gegenseitige Berührung, Verschmutzung oder Aromaübertragung.
- Die Lagerung sollte nach dem Prinzip „first in–first out" erfolgen (was zuerst eingelagert wurde, muss auch zuerst dem Lager entnommen werden). Dabei sind die Mindesthaltbarkeitsfristen zu beachten.
- Bevor Lebensmittel in Kühl- oder Tiefkühlräumen eingelagert werden, sollte die Liefer- bzw. Transportverpackung entfernt werden.
- Unverpackte Lebensmittel und selbstproduzierte Speisen müssen abgedeckt gelagert werden, um eine nachteilige Beeinflussung oder Aromaübertragung zu vermeiden. Sie sollten mit Einlagerungs- oder Produktionsdatum versehen sein, um Überlagerungen zu vermeiden.
- Angebrochene Verpackungen, zum Beispiel in Trockenlagern, sind so zu verschließen, dass keine nachteilige Beeinflussung des Inhaltes möglich ist.
- Inhalte aus geöffneten Dosen sind umzufüllen und kühl zu lagern.
- Die Lagerung von Geflügel sollte in geeigneten Behältnissen stattfinden; ein Kontakt mit Regalen, Wänden oder anderen Lebensmitteln muss ausgeschlossen sein.
- Fußbodenlagerung von Lebensmitteln ist nicht zulässig, Ausnahme: ungereinigtes Wurzelgemüse darf auf dem Fußboden gelagert werden, jedoch in eigenen Räumen.
- Fetthaltige Lebensmittel mit niedrigem Wassergehalt sollten lichtgeschützt gelagert werden.

3.3.3 Zubereitung

Allgemeine Anforderungen

Bei der Verarbeitung und Zubereitung von Warmspeisen ist darauf zu achten, dass keine gegenseitige nachteilige Beeinflussung erfolgt. Bei der Speisenzubereitung muss eine Trennung erfolgen zwischen den Speisen, die einem Erhitzungsverfahren unterzogen werden und Speisen, die nicht (mehr) gegart werden. Daher muss beispielweise auch die Trennung der Warmspeisenproduktion räumlich oder zeitlich von der Salatherstellung oder Dessertherstellung (kalte Küche) erfolgen.

Wärmebehandlung von Speisen

Beim Garen von Lebensmitteln (Kochen, Braten u. Ä.) hängt die Mindestgartemperatur von der Art des Lebensmittels und der angewandten Zubereitungsart ab. Es sollte aus mikrobiologischen Gründen grundsätzlich eine Kerntemperatur von +72 °C, die mindestens 2 min gehalten wird, nicht unterschritten werden. Das gilt auch für das Regenerieren von Speisen.

Die Produktion von Warmspeisen ist zeitlich so zu planen, dass sich unmittelbar im Anschluss daran die Abfüllung/Speisenausgabe anschließt. Eine sachgerechte Heißhaltung ist bei einer Temperatur von mindestens 65 °C für höchstens 3 h gegeben. Das bedeutet wiederum, dass Abfüllung und gegebenenfalls Kommissionierung zügig und bei Produkttemperaturen von mindestens 70 °C erfolgen sollten.

Bei Cook & Chill-Produkten ist unmittelbar nach Beenden des Erhitzungsvorgangs die schockartige Schnellkühlung einzuleiten; der Schnellkühlprozess muss prinzipiell die Abkühlung der Produkte von 65 °C auf 3 °C Produkttemperatur innerhalb von 90 min realisieren. Überproduzierte Speisen, die anschließend kühl gelagert werden, müssen innerhalb kürzester Zeit (90 min) auf mindestens +10 °C abgekühlt werden.

Auftauen von tiefgefrorenen Lebensmitteln

- Ein sachgerechtes Auftauen von Lebensmitteln hat unter Kühlbedingungen (Kühlraum, Kühlschrank), am besten bei 4 °C, zu erfolgen.
- Tiefgefrorene Rohwaren oder Halbfertigwaren sind vor dem Auftauen aus der Verpackung zu nehmen.
- Große Fleisch- oder Geflügelfleischstücke sollten vor der Verarbeitung immer vollständig aufgetaut sein.
- Das aufzutauende Lebensmittel ist in einen Behälter mit Siebeinsatz zu legen, sodass das Lebensmittel selbst nicht im Auftauwasser liegt. Das Auftauwasser, das gefährliche Keime enthalten kann (Salmonellen!!), muss nach dem Auftauen entsorgt werden und die Behälter sind sorgfältig zu reinigen und zu desinfizieren.
- Aufgetaute Produkte/Lebensmittel dürfen nicht wieder eingefroren werden.
- Küchenfertige Produkte (Convenience) sind gemäß Herstellerangaben zuzubereiten.

Herstellung kalter Speisen

Kalte Speisen wie etwa Vorspeisen, Salate, Desserts, belegte Brötchen und sonstige kalte Gerichte sind nach Fertigstellung kühl zu halten bei maximal 7 °C und so rasch als möglich auszugeben. Sind für die Kaltversorgung bestimmte Speisen oder Komponenten durch Erhitzung vorzubehandeln, so sind sie nach Herstellung innerhalb von max. 120 min auf mindestens +10 °C abzukühlen und bei höchstens 7 °C zu lagern und zu transportieren. Eine Temperaturerhöhung dieser Speisen auf höchstens 15 °C während der Ausgabe ist dann unkritisch, wenn diese innerhalb von 30 min nach dem Überschreiten der 7-Grad-Celsius-Grenze erfolgt.

Aus hygienischen und qualitativen Gründen darf keine Vorproduktion von kalten Speisen erfolgen. Bei Arbeiten in der kalten Küche ist besonders auf die strikte Trennung der reinen von der unreinen Seite zu achten, um eine Kontamination der Kaltspeisen zu verhindern. Das Gleiche gilt für Speisen, die heiß hergestellt, aber kalt ausgegeben werden.

Spezielle Anforderungen für hygienisch sensible Lebensmittel
Es gibt einige Lebensmittel, die wegen der besonders großen Gefahr des Vorhandenseins von Krankheitserregern (zum Beispiel Salmonellen!!), eine besondere Sorgfalt bei ihrem Umgang erforderlich machen. Dazu gehören Rohmilch und roheihaltige Speisen. Für deren Umgang gibt es folgende speziellen Anforderungen gemäß § 17 bzw. § 20 a der Tier-LMHV (Tier-LMHV, 2007).

ROHMILCH (§ 17)
Die Abgabe von Rohmilch oder Vorzugsmilch in Einrichtungen zur Gemeinschaftsverpflegung ist untersagt.

ROHEIHALTIGE SPEISEN (§ 20 a)

- ✓ In Gaststätten und Einrichtungen zur Gemeinschaftsverpflegung dürfen nicht erhitzte roheihaltige Speisen nur zum unmittelbaren Verzehr vor Ort unter Einhaltung folgender Bedingungen abgegeben werden:
  - Heiße Speisen sind innerhalb von 2 h nach Herstellung abzugeben.
  - Kalte Speisen dürfen nur abgegeben werden, wenn sie innerhalb von 2 h nach Herstellung
    - auf 7 °C abgekühlt werden und innerhalb von 24 h bei < 7 °C zwischengelagert abgegeben werden
      oder

- tiefgefroren werden und innerhalb von 24 h nach dem Auftauen bei einer maximalen Temperatur von 7 °C abgegeben werden.

- ✓ Unter einer Bedingung dürfen roheihaltige Speisen auch außer Haus abgegeben werden: Es muss am Ort der Abgabe deutlich sichtbar der Hinweis auf dem Lebensmittel erscheinen: „sofort verbrauchen".
- ✓ In Einrichtungen zur Gemeinschaftsverpflegung für Menschen, die aufgrund ihres Alters, einer Erkrankung oder einer Beeinträchtigung des körpereigenen Abwehrsystems gegenüber lebensmittelbedingten Infektionen besonders empfindlich sind (= besonders empfindliche Personengruppen), dürfen keine nicht erhitzten roheihaltigen Speisen abgegeben werden.

Weitere Anforderungen an Speisen zur Beköstigung besonders empfindlicher Personengruppen

Durch das Bundesinstitut für Risikobewertung wurden 2015 für die sichere Verpflegung besonders empfindlicher Personengruppen in Gemeinschaftseinrichtungen Empfehlungen herausgegeben (BfR, 2015). Zu diesem Personenkreis gehören Säuglinge und Kleinkinder bis 5 Jahre, Senioren (insbesondere wenn ihre Abwehrkräfte geschwächt sind), Schwangere sowie Menschen, deren Abwehrkräfte durch Vorerkrankung oder Medikamenteneinnahme geschwächt sind. Bei diesen Personen sollte außer den in der Tier-LMHV in § 17 und § 20 a genannten Verboten (s. o.) auf die Beköstigung mit folgenden Speisen verzichtet werden:

- ✓ rohes oder nicht ausreichend erhitztes Hack- und Schabefleisch oder rohe Fleischzuschnitte (zum Beispiel Tatar, Hackepeter, Mett, Carpaccio)

- unverarbeitete Fischereierzeugnisse oder Schalentiere (zum Beispiel Carpaccio aus Fisch, Sushi, rohe Austern, Kaviar, unverarbeitete Shrimps)

Weitere Lebensmittel, die mit Krankheitserregern behaftet sein und deren Verzehr eine Gefahr für besonders empfindliche Personengruppen darstellen können, sind:

- streichfähige, schnell gereifte Rohwürste, zum Beispiel frische Mettwurst
- Speisen oder Getränke, die aus Rohmilch oder unter Verwendung von Rohmilch hergestellt werden (zum Beispiel Butter aus Rohmilch, Milchmischgetränke und Süßspeisen aus Rohmilch oder mit Anteilen an Rohmilch)
- Weichkäse aus Rohmilch
- kalt geräucherte Fischereierzeugnisse (beispielsweise Räucherlachs)
- gebeizter (graved) Lachs
- Sprossen ohne ausreichende Wärmebehandlung
- Tiefkühlbeeren ohne ausreichende Wärmebehandlung

Rückstellproben

Immer wieder treten auch in Deutschland lebensmittelbedingte Infektionskrankheiten auf, die häufig durch Speisen aus der Gemeinschaftsverpflegung ausgelöst werden. Schon aus diesem Grund ist es sinnvoll, im Falle einer Beweislastumkehr bei der Produkthaftung, durch die sich der Lebensmittelunternehmer entlasten kann, Proben zu entnehmen und als Rückstellproben zu lagern.

Da der Lebensmittelunternehmer nach der EU-Lebensmittelhygiene-Verordnung (VO [EG] Nr. 852/2004) in Verbindung mit der VO (EG) Nr. 2073/2005 im Rahmen seiner Eigenkontrollen u. a. auch zur mikrobiologischen Untersuchung von Lebensmittelproben ver-

pflichtet ist, kann er zum Beispiel auch seine Rückstellproben nach Ablauf der Aufbewahrungsfrist dafür verwenden.
Bei Rückstellproben handelt es sich um vom Lebensmittelunternehmer entnommene Lebensmittelproben. Sie sollten unmittelbar vor dem Inverkehrbringen des Lebensmittels und bevorzugt am Ende der Speisenausgabe entnommen werden. Diese Proben werden im Falle des Auftretens von lebensmittelbedingten Erkrankungen durch die Behörden untersucht und dienen somit auch zur Absicherung des Unternehmers.
Wenngleich auch keine allgemeine ausdrückliche rechtliche Verpflichtung für das Aufbewahren von Rückstellproben besteht, empfiehlt es sich dennoch aus Sorgfaltsgründen, Rückstellproben sowohl von selbst hergestellten als auch gegebenenfalls von zugekauften Speisen zu stellen. Das betrifft insbesondere die Speisen zur Verpflegung von Krankenhäusern, Senioren- und Pflegeheimen sowie Kindertagesstätten.
Spezielle Anforderungen für Rückstellproben ergeben sich allerdings aufgrund der Zoonosen-Überwachungsverordnung (ZoonoseV, 2007), wenn der Unternehmer im Rahmen seiner Eigenkontrollen Proben auf Zoonoseerreger (wie etwa auf *Salmonella* spp., *Listeria monocytogenes* etc.) untersuchen (§ 3) lassen muss oder er eine Rückrufaktion nach Artikel 19 der VO (EG) Nr. 178/2002 (§ 3 a) veranlassen muss.

- Im ersten Fall muss er Rückstellproben des Probenmaterials aufbewahren, bis das Untersuchungsergebnis vorliegt.
- Im zweiten Fall muss der Lebensmittelunternehmer von der gleichen Partie Ware, die noch nicht ausgeliefert worden ist, eine Rückstellprobe von mindestens 150 g stellen und 7 Tage nach dem Mitteilungszeitpunkt aufbewahren.

Empfehlungen zur Handhabung von Rückstellproben gibt die DIN 10526 (DIN 10526, 2017); Rückstellproben sollten tiefgefroren (-18 °C) für mindestens 7 Tage aufbewahrt werden.

3.4 Reinigung und Desinfektion

3.4.1 Grundsätzliches

Basishygienemaßnahmen
Reinigung und Desinfektion gehören zu den Basishygienemaßnahmen in jedem Lebensmittelbetrieb; sie sind eine wichtige Voraussetzung für das Herstellen und Inverkehrbringen sicherer Lebensmittel. Ziel dieser Maßnahmen im Sinne der Produktsicherheit ist, dass weder unerwünschte Substanzen (Lebensmittelreste, Schmutz, Staub usw.) noch schädliche Mikroorganismen (Krankheitserreger, Verderbniskeime) von den benutzten Flächen, Händen oder Arbeitsgeräten usw. in das Produkt gelangen (KLEINER, 2012). Diese Grundhygienemaßnahmen bilden einen Eckpfeiler des antimikrobiellen Regimes.

DIN 10516
Zur korrekten Durchführung und Kontrolle der Reinigungs- und Desinfektionsmaßnahmen im Lebensmittelbetrieb sollten die Empfehlungen der DIN 10516 (DIN 10516, 2009) als Leitlinie für eine gute Hygienepraxis mit herangezogen werden.

Täglich reinigen und desinfizieren
Peinliche Sauberkeit und mikrobiologische Reinheit in der Küche können nur durch gründliche und sachgerechte Reinigungs- und Desinfektionsmaßnahmen erreicht werden. Neben dem Geschirrspülen gehört dazu, dass *täglich bei Arbeitsende* alle benutzten Arbeitsflächen, Maschinen und Geräte der Küche sowie das Produktionsumfeld

(Handwaschbecken, Wände, Fußboden usw.) gereinigt und desinfiziert werden (im Sinne einer täglichen Unterhaltsreinigung). Während der Speisenzubereitung und -abfüllung sind gegebenenfalls *Zwischenreinigungsarbeiten* erforderlich, die aber hygienisch einwandfrei, das heißt ohne das Lebensmittel zu kontaminieren, durchzuführen sind. Regelmäßig sind alle Ver- und Entsorgungs- sowie Lagerbereiche bei der Reinigung und Desinfektion zu berücksichtigen.

Grundreinigung, Sonderreinigung
Von Zeit zu Zeit wird es notwendig, im Rahmen einer „*Grundreinigung*" die Bereiche der Küche, die nicht täglich gründlich gereinigt werden können, wie beispielsweise Lampen, Decken oder Dunstabzugsanlagen, einer Reinigung zu unterziehen. Zusätzlich fallen auch „*Sonderreinigungen*" an, zum Beispiel nach Reparaturen, Havarien oder im Zusammenhang mit Baumaßnahmen.

Notwendigkeit der Desinfektion
Das Ziel von Reinigungsmaßnahmen ist zum einen, dass benutzte Maschinen und Geräte durch die Schmutzbeseitigung für die Lebensmittelzubereitung wieder einsatzfähig werden. Mit der Schmutzbeseitigung wird auch bereits ein Großteil von Keimen entfernt, sodass Reinigung stets auch einen keimreduzierenden Effekt hat. Dieser reicht aber in Bereichen, in denen mit leicht verderblichen Lebensmitteln umgegangen wird, nicht aus, sodass noch zusätzlich – oder wie die EU formuliert „erforderlichenfalls" – eine Desinfektion zur gezielten Keimabtötung von Krankheitserregern und Verderbniskeimen stattfinden muss.
Das Gleiche betrifft die Hände des Personals: Die Hände sind Hauptüberträger von Schmutz und Keimen. Daher müssen sie auf jeden Fall vor jeder Arbeitsaufnahme und nach jedem Toilettengang gewaschen und desinfiziert werden, damit sie keine gefährlichen Krankheitserreger auf das Lebensmittel übertragen können.

Umfang und Integration der Maßnahmen
Reinigungs- und Desinfektionsmaßnahmen im Lebensmittelbetrieb erstrecken sich auf

- Oberflächen von Arbeitsflächen, Geräten, Maschinen und Ausrüstungen sowie des Produktionsumfelds (Betriebsreinigung)
- mobile Bedarfsgegenstände wie Geschirr, Besteck, Behälter, Töpfe, Gastronorm-Behälter usw. (Geschirrspülen) und
- Hände

Es ist durch den Betrieb sicherzustellen, dass arbeitstäglich alle Bereiche nach Produktionsende gereinigt **und** desinfiziert werden. Dabei ist darauf zu achten, dass nicht ständig benutzte Maschinen und Geräte vor Wiederbenutzung ggf. zu reinigen und zu desinfizieren sind. Gibt es eine geteilte Arbeitsorganisation der Maßnahmen, beispielsweise Reinigung der Maschinen und Geräte nach Produktionsende durch das Küchenpersonal und Auftragsvergabe für die Fußbodenreinigung an einen betriebsfremden Dienstleister, so ist abzusichern, dass sich die letzten Arbeiten nicht nachteilig auf den Hygienezustand des bereits gereinigten Bereiches auswirken.

Wirkfaktoren der Reinigung (R) bzw. Desinfektion (D) (Sinnerscher Kreis)
Um eine erfolgreiche Reinigung zu gewährleisten, müssen die Wirkfaktoren des sogenannten Sinnerschen Kreises beachtet werden (vgl. Abbildung 3.1).
Das bedeutet, dass entsprechend der Reinigungsaufgabe und unter Einbeziehung des Verfahrens die vier Einflussfaktoren Reinigungsmittel, Temperatur, Einwirkzeit sowie die mechanische Reinigungsleistung optimal aufeinander abzustimmen sind.

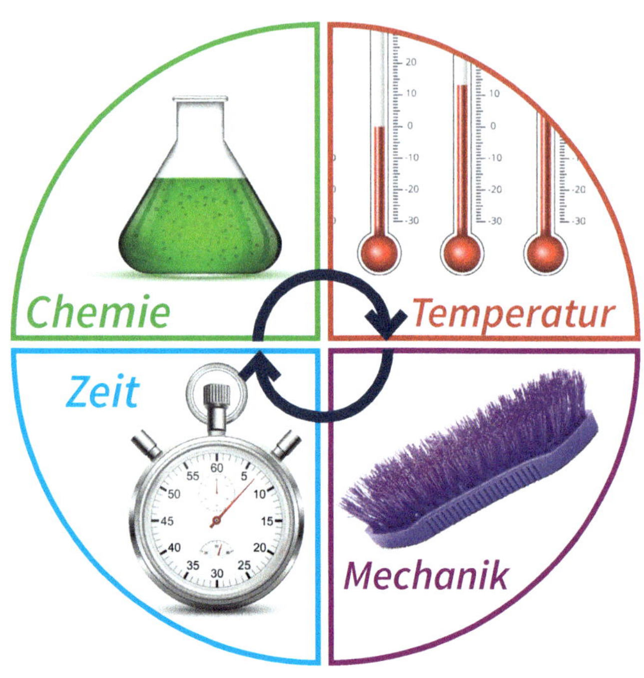

Abb. 3.1 Sinnerscher Kreis (Fotos: © Fotolia: booka/UMA /Oleh/ iuneWind)

- ✓ Chemie → geeignetes Reinigungsmittel in der richtigen Anwendungskonzentration und Menge einsetzen
- ✓ Temperatur → mit der richtigen Temperatur der Reinigungslösung reinigen
- ✓ Zeit → Einhalten der vorgeschriebenen Einwirkzeit der Reinigungslösung, damit die chemischen Komponenten auch etwas bewirken können
- ✓ Mechanik → als Letztes bedarf es der mechanischen Wirkkomponente, durch die der Schmutz und ein Großteil der Mikroorganismen entfernt werden

Analoges gilt für die Desinfektion.

3.4.2 Reinigungs- und Desinfektionsplan (RD-Plan)

Für alle Räume, in denen mit Lebensmitteln umgegangen wird, ist ein Reinigungs- und Desinfektionsplan zu erstellen. Im betriebsspezifischen RD-Plan sind alle wichtigen Aspekte für das betriebliche RD-Verfahren festzulegen. Dabei sollten folgende Punkte berücksichtigt werden:

- Erfassung aller Bereiche, Maschinen, Geräte, Gegenstände und Anlagen
- Häufigkeit der durchzuführenden Maßnahmen
- Anzuwendende RD-Verfahren
- einzusetzende Mittel zur RD sowie deren Anwendungskonzentrationen und Einwirkzeiten
- Zuständigkeiten bei der Durchführung
- Art und Weise der Kontrollen sowie Verantwortlichkeiten

Hilfreich bei der Erstellung solcher Pläne sind Empfehlungen aus der DIN 10516. Hier findet man auch ein Beispiel für die Strukturierung eines solchen Plans, dargestellt in Tabelle 3.2.

3.4.3 Reinigungsmittel und Desinfektionsmittel

Bei den RD-Maßnahmen zur Betriebsreinigung ist grundsätzlich zu entscheiden, ob Reinigung und Desinfektion in zwei Schritten – also erst reinigen und dann desinfizieren – oder in einem Schritt – das heißt Verwendung eines Reinigungsmittels mit gleichzeitig desinfizierender Wirkung – erfolgen soll.
Bei der Auswahl der **Reinigungsmittel** sind professionelle Produkte für den Lebensmittelbereich einzusetzen, deren Auswahl sich vor allem nach der Schmutzart richtet. In diesem Zusammenhang ist die Unterscheidung der Reinigungsprodukte nach dem pH-Wert ent-

Tab. 3.2 Beispiel für einen RD-Plan nach DIN 10516

Reinigungsbereich:			
Gegenstand/Anlagen	Häufigkeit T W M J	Verfahren	Reinigungs-/ Desinfektionsmit

MT mehrmals täglich, T täglich, W wöchentlich, M monatlich, J jährlich, NB nach Bedarf, R reinigen, RD reinigen und desinfizieren, E entkalken, P pflegen, RP reinigen und pflegen

scheidend: Es gibt alkalische, saure und neutrale Produkte, wobei letztere die geringste Reinigungskraft besitzen. Die folgende Tabelle 3.3 vermittelt dazu eine Übersicht:

Tab. 3.3 Schmutzbeseitigung und pH-Wert von Reinigungsmitteln

	sauer	neutral	alkalisch
mineralische Ablagerungen wie Kalk, Rost	x		
angetrocknete Eiweiße, Fette, Kohlenhydrate			x
frischer, leicht zu lösender Schmutz		x	

Soll gleichzeitig mit dem Reiniger auch desinfiziert werden, muss dieser zusätzlich auch eine Desinfektionsmittelkomponente enthalten.

Temperatur	Konzentration Einwirkzeit	sonstige Vorgaben	Zuständigkeit

Desinfektionsmittel unterscheiden sich aufgrund ihrer Wirkstoffe bezüglich ihrer Wirksamkeit. Tabelle 3.4 vermittelt einen Überblick über die generelle Wirksamkeit der wichtigsten Desinfektionswirkstoffe. Allgemein ist zu bemerken, dass Desinfektionswirkstoffe mit einem Eiweißfehler bei Anwesenheit von organischen Substanzen, etwa Schmutzresten nach unzureichender Reinigung, an Wirksamkeit verlieren. Wirksamkeitsverluste treten auch auf bei Desinfektionswirkstoffen mit einem Temperaturfehler, wenn bei der Desinfektion kalte Umgebungstemperaturen herrschen. Einige Wirkstoffe haben einen sogenannten Seifenfehler, das heißt, bei Anwesenheit von Reinigungsmittelresten durch die vorher stattgefundene Reinigung verlieren sie ihre Wirksamkeit.

Tab. 3.4 Die wichtigsten Desinfektionswirkstoffe für den Lebensmittelbereich im Überblick

Wirkstoff	Haupteinsatz	Wirkung	Bemerkungen
Aktivchlor	Flächen, Anlagen	schnell und umfassend	Chlorzehrung[1], großer Eiweißfehler, Korrosion, AOX[2]-Verbindungen im Abwasser
Quats, Alkylamine	Flächen, Anlagen	langsamer, grenzflächenaktiv	Eiweißfehler, Seifenfehler
Peressigsäure	Flächen, Anlagen	sehr schnell und umfassend	kein Kältefehler, ätzend, ggf. Korrosionsgefahr, Explosionsgefahr
Wasserstoffperoxid	Packmittel	sehr schnell und umfassend	
Säuren	Anlagen	schnell und umfassend	ätzend
Aldehyde Aldehyde + Quats	Raumluft Flächen	langsamer	Kältefehler
Alkohole	Händedesinfektion Anlagen	schnell	leicht entflammbar wasserempfindliche Anlagen

[1] Verlust von Aktivchlor bei unsachgemäßer Lagerung der Konzentrate
[2] adsorbierbare organisch gebundene Halogene

Für die Auswahl geeigneter, also als wirksam befundener Desinfektionsprodukte, sind Desinfektionsmittellisten heranziehen, die nur Produkte enthalten, deren Wirksamkeit nach Standardprüfmethoden nachgewiesen wurde. Da im einschlägigen EU-Hygienerecht gefordert wird, dass etwaige Desinfektionsmaßnahmen wirkungsvoll sein müssen, kommt der Verwendung von auf Wirksamkeit geprüften und gelisteten Präparaten eine große Bedeutung zu. Folgende Listen sind relevant für den Lebensmittelbereich:

FLÄCHENDESINFEKTION

- DVG-Liste für den Lebensmittelbereich (DVG = Deutsche Veterinärmedizinische Gesellschaft)

Zurzeit gültig: 8. Liste der nach den Richtlinien der DVG (4. Auflage) geprüften und als wirksam befundenen Desinfektionsmittel (Handelspräparate, Ausbringverfahren nicht geprüft) für den Lebensmittelbereich (DVG, 2018). Der tagesaktuelle Stand der Liste kann online unter www.desinfektion-dvg.de aufgerufen werden.

- IHO-Desinfektionsmittelliste für den Lebensmittelbereich (IHO = Industrieverband für Hygiene und Oberflächenschutz) (IHO, 2018), tagesaktuell online abrufbar unter: www.iho-desinfektionsmittelliste.de

Zurzeit existieren beide Listen und sind hilfreich für die Auswahl von in der Wirksamkeit geprüften Desinfektionsmitteln. Zunehmend lassen aber die Hersteller von Desinfektionsmitteln ihre Präparate nur noch in der IHO-Liste erscheinen. Der Grund dafür ist, dass nach europäischem Biozidrecht in einem umfangreichen Zulassungsverfahren Desinfektionsmittel (so wie auch andere Biozide) zugelassen werden müssen und u. a. dazu auch aufwendige Wirksamkeitsprüfungen nach EN (Europäische Norm)-Standardprüfvorschriften durchzuführen sind. Eine Listung bei der IHO als Wirksamkeitsnachweis wäre damit ausreichend.

HÄNDEDESINFEKTION

Desinfektionsmittelliste des VAH

Für die Auswahl wirksamer Händedesinfektionsmittel für den Lebensmittelbereich sollte die Desinfektionsmittelliste des VAH (VAH = Verbund für angewandte Hygiene) verwendet werden. Diese Liste enthält u. a. Verfahren zur prophylaktischen Desinfektion sowie für die hygienische Händewaschung, die auf der Basis der Anforderungen und Methoden zur VAH-Zertifizierung chemischer Desinfektionsverfahren geprüft und als wirksam befunden wurden (VAH-Liste, 2017). Dort sind auch viruzide (Virus abtötende) Händedesinfektionsmittel gelistet, die durch die immer wieder auftretenden Norovirusausbrüche eine besondere Relevanz besitzen.

Für die **Lagerung** von Reinigungs- und Desinfektionsmitteln sind Extralagerbereiche, getrennt von Lebensmittellagerräumen, vorzusehen, die entsprechend den Anforderungen der Gefahrstoffverordnung ausgerüstet sein und betrieben werden müssen. Dabei sind die zum jeweiligen Produkt zugehörigen Hinweise aus dem Sicherheitsdatenblatt (gem. VO [EG] Nr. 1907/2006) zu beachten. Auf die Einhaltung der Anforderungen zur Unterrichtung und Unterweisung der Beschäftigten gem. § 14 der Gefahrstoffverordnung (GefStV, 2010) sei ebenfalls verwiesen.

3.4.4 Betriebsreinigung

Damit die für die Reinigung und Desinfektion eingeteilten Mitarbeiter die Abläufe richtig durchführen, sind sie darüber in einer Hygieneschulung zu informieren.

3.4.4.1 Durchführung

Bei der Reinigung und Desinfektion sind sämtliche benutzten Bereiche eines Raumes zu berücksichtigen. Dazu gehören in den verschiedenen Bereichen zum Beispiel:

- Arbeitstische, Transportbänder, Schneidbretter
- Servierwagen, Transportwagen

- Küchengeräte, Ausrüstungen
- Wannen, Mulden, sonstige Lebensmitteltransportbehälter
- Wände, Türen, ggf. Fenster
- Waschbecken, Ausgüsse
- Fußböden, Abflüsse

Tägliche R und D nach Produktionsende

Es ist wichtig, die richtige Reihenfolge der zu reinigenden und desinfizierenden Objekte zu beachten, damit bereits gereinigte und desinfizierte Flächen nicht wieder durch nachfolgende Reinigungsarbeiten mit Schmutz und/oder Keimen kontaminiert werden. Folgendes Vorgehen ist unter Hygienegesichtspunkten empfehlenswert, dabei sind die Arbeiten von „oben" nach „unten" durchzuführen:

1. Geräte wie Konvektomaten, Kombi- und Heißluftdämpfer, Kessel etc. zuerst von innen reinigen, dabei gegebenenfalls vorhandene automatisch ablaufende Reinigungsprogramme nutzen
2. alle Arbeitsflächen und Ausrüstungen, Maschinen und Geräte von außen reinigen
3. Produktionsumfeld (Fußboden, Wände, Türen, Handwaschbecken etc.) reinigen
4. zum Schluss alles desinfizieren, „oben" beginnen

Zwischenreinigungsschritte hygienisch absichern

Reinigungsarbeiten zwischen den Arbeitsgängen sind oft unumgänglich. Häufiges Zwischenreinigen verbessert die Küchenhygiene, denn angetrocknete und verkrustete Reste lassen sich schwer von Oberflächen und Gegenständen entfernen. Arbeitsflächen und Geräte müssen daher nach jedem Bearbeitungsschritt sorgfältig gereinigt werden.

Hierbei aber sind zum Schutz des Lebensmittels vor einer nachteiligen Beeinflussung wichtige Hygienegrundsätze zu berücksichtigen:

- immer so reinigen, dass Lebensmittel (LM) nicht bespritzt oder gar beschmutzt werden (LM zur Seite räumen, wegbringen, abdecken usw.)
- dabei möglichst nur mit warmem Wasser, ggf. mit einem neutralen Reinigungsmittel, arbeiten
- abschließend vor Weiterbenutzung der Geräte, Schneidbretter usw. immer mit Wasser abspülen

Hygienesicherheit bei zeitlich versetzten RD-Arbeiten beachten
Aus hygienischer Sicht kann es problematisch werden, wenn die Reinigung und Desinfektion von Maschinen und Geräten sowie Arbeitsflächen zeitlich versetzt von der der Fußböden und Wände (zum Beispiel durch ein beauftragtes Dienstleistungsunternehmen) vorgenommen wird. Dann sind die Arbeiten so abzustimmen, dass durch die letzten Reinigungsarbeiten die bereits sauberen Flächen nicht wieder verschmutzt werden; eine Desinfektion aller Flächen und Geräte ist erst ganz am Schluss sinnvoll. Nicht täglich benutzte Gerätschaften sind rechtzeitig vor ihrer (erneuten) Verwendung auf Sauberkeit zu überprüfen und ggf. zu reinigen und zu desinfizieren.

Reinigungsgeräte und Reinigungsutensilien
Reinigungsgeräte sind sauber und instand zu halten. Reinigungsutensilien wie Tücher oder Pads sind mindestens täglich zu wechseln und vor Einsatz auf Sauberkeit zu prüfen. Gebrauchte Reinigungstücher oder Lappen können nach maschinellem Waschen bei mind. 60 °C wiederverwendet werden. Alle gebrauchten Utensilien sind nach ihrer Reinigung vor Wiederverwendung trocken zwischenzulagern.

3.4.4.2 Reinigungs- und Desinfektionsablauf

R und D in 2 Schritten
Der Arbeitsablauf bei der Flächenreinigung und -desinfektion sollte in der Reihenfolge der folgenden Schritte stattfinden:

1. Als Erstes muss ein rein mechanisches Vorreinigen (fegen, zusammenschieben, Schmutz von Geräten vorabräumen, abkratzen etc.) erfolgen, um den groben Schmutz von den benutzten Geräten und Flächen zu beseitigen. Der hier anfallende Schmutz ist sachgerecht als Abfall zu entsorgen.
2. Erst dann schließt sich das Vorreinigen mit zirka 55 °C heißem Wasser an, um vor allem Lebensmittelreste abzuspülen.
3. Im Hauptreinigungsschritt wird die Reinigungslösung aufgebracht (beispielsweise durch Sprühen oder Schäumen) und sie muss entsprechend Herstellerangaben lange genug einwirken.
4. Nach Ablauf der Einwirkzeit erfolgt das Abspülen mit zirka 55 °C heißem Wasser, um alle eingeweichten und abgelösten Schmutzpartikel und Reinigungsmittelreste zu beseitigen.

Bevor nun der nächste Arbeitsgang erfolgt, müssen ggf. entstandene Wasserlachen oder Pfützen entfernt werden. Nasse Flächen sollten abtrocknen.

5. Nun kann die Desinfektionslösung aufgebracht werden (zum Beispiel durch Sprühen) und sie muss nach Herstellerangaben einwirken (Einwirkzeit einhalten!).

6. Nach Ablauf der Einwirkzeit werden alle desinfizierten Flächen mit Trinkwasser abgespült, damit keine Desinfektionsmittelreste ins Produkt geraten können.
7. Als letztes müssen eventuell entstandene Wasserlachen oder Pfützen entfernt werden und nasse Flächen müssen vor (Wieder-) Benutzung (selbstständig) abgetrocknet sein.

Generell ist dabei auf eine exakte Einhaltung der vom Hersteller vorgegebenen Anwendungskonzentrationen für die Gebrauchslösungen der Reinigungs- und Desinfektionsmittel sowie der vorgegebenen Einwirkzeiten zu achten; nur so ist der Reinigungs- und Desinfektionserfolg sicherzustellen.

Kombinierte Reinigung und Desinfektion
Aus Gründen der Einsparung von Arbeitszeit sowie Chemie- und Wasserkosten (Arbeitsschritte wie Zwischenspülen nach Reinigung und Ausbringen der Desinfektionslösung entfallen) werden vielfach im Lebensmittelbereich, besonders auch in der Großküche, die Schritte Reinigung und Desinfektion in einem Arbeitsgang erledigt. Dieses Verfahren kann allerdings aus Gründen der Wirksamkeit von Desinfektionsmitteln nur nach gründlicher Vorreinigung mit warmem Wasser empfohlen werden.
Schritte bei der kombinierten Reinigung und Desinfektion sind:

1. grobes mechanisches Vorreinigen
2. Vorreinigen mit zirka 55 °C heißem Wasser
3. Gebrauchslösung des Desinfektionsreinigers aufbringen und einwirken lassen
4. Reinigen mit zirka 55 °C heißem Wasser nach der Einwirkzeit
5. abtrocknen lassen vor (Wieder-) Benutzung, ggf. Wasserlachen beseitigen

Für die Ausführung der Schritte gilt auch hier analog das vorher Erklärte.

Vermeiden von Rückständen
Nach erfolgter Reinigung und Desinfektion müssen alle das Produkt berührenden Flächen so gut mit Trinkwasser nachgespült werden, dass keine Reste von Reinigungs- und Desinfektionsmitteln auf das Lebensmittel übergehen können.
Um sicherzugehen, dass sich keine Chemiereste mehr auf den behandelten Flächen befinden, kann man zur Kontrolle Teststreifen einsetzen. Eine einfache Möglichkeit stellt die pH-Wert-Kontrolle dar. Besser eignen sich spezielle, vom Laborhandel angebotene Teststäbchen zum Nachweis der Rückstandsfreiheit von Desinfektionsmitteln wie beispielweise von Chlor, Peressigsäure, Peroxid oder quaternären Ammoniumverbindungen.

3.4.4.3 Kontrollen

Im Rahmen der gesetzlichen Sorgfaltspflicht müssen die Lebensmittelunternehmer die durchgeführten Reinigungs- und Desinfektionsmaßnahmen auf Wirksamkeit kontrollieren. Dazu gehört einerseits die optische Kontrolle auf Sauberkeit, andererseits aber auch die mikrobiologische Erfolgskontrolle. Das wichtigste Kriterium aus der Sicht des Gesetzgebers und damit des gesundheitlichen Verbraucherschutzes ist dabei der mikrobiologische Nachweis, dass sich auf Geschirr, Arbeitsflächen, Geräten und sonstigen Bedarfsgegenständen nach Reinigung und Desinfektion keine Krankheitserreger befinden und der Restkeimkeimgehalt auf ein akzeptables Maß reduziert wurde.
Gemäß DIN 10516 werden u. a. folgende Methoden der Wirksamkeitskontrolle von Reinigungs- und Desinfektionsmaßnahmen empfohlen.

PRÜFUNG AUF REINIGUNGSWIRKUNG

- visuelle Kontrolle auf optische Sauberkeit
- *Schnelltests:*

Proteinnachweismethode (Biuretmethode)
Eine qualitative, relativ einfache und kostengünstige Möglichkeit der Reinigungskontrolle stellt die Biuretmethode dar. Mit dieser Methode können Eiweißreste (Erfassung aller stickstoffhaltigen Verbindungen) aus Produktrückständen nachgewiesen werden, andere Rückstände, wie etwa Fett, jedoch nicht. Als Proteintests werden verschiedene gebrauchsfertige Testkits angeboten, beispielsweise in Form von Röhrchentests mit Tupfern oder von Testkarten, die manuell ausgewertet werden.

Farbtest auf Basis von NAD, NADH, NADP und NADPH zum Nachweis unerwünschter organischer Substanzen
Mit diesem Test steht eine weitere einfache, qualitative Möglichkeit zur schnellen Reinigungskontrolle zur Verfügung. Er dient dem Nachweis von organischen Lebensmittelresten und Keimen. Auch hierbei handelt es sich einen Farbstreifentest, der manuell ausgewertet werden kann.

Lumineszenztest auf Basis von Adenosintriphosphat (ATP) zum Nachweis unerwünschter organischer Substanzen
Eine weitere schnelle Möglichkeit zur Messung des Restschmutzgehaltes bietet das ATP-Biolumineszenz-Verfahren, welches eine quantitative Messung darstellt. Für das ATP-Verfahren allerdings benötigt man neben speziellen ATP-Tupfern auch ein spezielles ATP-Messgerät (Luminometer). Der gemessene ATP-Wert repräsentiert die Höhe der organischen Rückstände auf der Fläche, die aus Produktresten und Keimen bestehen können.

PRÜFUNG AUF DESINFEKTIONSWIRKUNG

- **Abklatschverfahren** nach DIN 10113-3 zum Nachweis von aeroben Bakterien, Hefen und Schimmelpilzen
- **Tupferverfahren** nach DIN 10113-1 und -2 zum Nachweis von aeroben Bakterien, Hefen und Schimmelpilzen

Beim Abklatschverfahren handelt es sich um ein Agar-Kontaktverfahren, bei dem ein direkter Nachweis von Keimen einer Fläche auf nährbodenbeschichteten Entnahmevorrichtungen (zum Beispiel RODAC-Platte oder Abklatschpaddel) erfolgt. Beim Tupferabstrich-Verfahren erfolgt der Nachweis von Keimen durch deren Übertragung von der zu untersuchenden Fläche mittels Tupfer auf die Oberfläche fester Nährböden. Die Probenahmefläche sollte nach Möglichkeit in ihrer Größe standardisiert werden.

Eine **visuelle** Kontrolle auf Sauberkeit der gereinigten Flächen und Gegenstände, Maschinen etc. muss täglich stattfinden und auch mittels Checkliste dokumentiert werden. Tabelle 3.5 zeigt ein Beispiel für eine solche Checkliste.
Die **mikrobiologischen** Kontrollen sollten in regelmäßigen Abständen, zum Beispiel mindestens einmal im Quartal, an mindestens 5–10 Hygienekontrollpunkten vorgenommen werden. Häufigkeit und Menge der Beprobung richten sich nach der Größe der Einrichtung bzw. der Empfindlichkeit der zu versorgenden Personen. Die Proben sollten immer sowohl auf den allgemeinen Keimgehalt (aerobe mesophile Keimzahl) als auch auf Darmbakterien (*Enterobacteriaceae*) untersucht werden. Die Untersuchung der Proben hat, wenn kein eigenes Betriebslabor zur Verfügung steht, in einem dafür akkreditierten Prüflabor zu erfolgen.

Tab. 3.5 Beispiel Checkliste visuelle Reinigungskontrolle

Datum/Unterschrift	Warmküche	Salatküche

1: sauber 2: schmutzig 3: schmutzig, Nachreinigung

3.4.5 Geschirrspülen

Alle mobilen Bedarfsgegenstände müssen ebenfalls durch Reinigung und Desinfektion vor (Wieder-) Verwendung in einen hygienisch einwandfreien Zustand versetzt werden. Das betrifft etwa Geschirrteile, Besteck, Gläser, Tabletts, Schneid- und Küchenmesser, Schneidbretter, Gastronorm (GN)-Behälter, Töpfe usw.

Sauberes Besteck und Geschirr sind einerseits die Visitenkarte einer guten (gewerblichen) Küche, andererseits bringen schmutziges

rbereitungsräume	Lager	Spülküche	Toiletten, Sozialräume
Bemerkungen, Anweisungen			

Geschirr, Besteck und schmutzige Behälter verstärkt Hygienerisiken mit sich.

Zur Bewältigung der Geschirrmengen sind gewerbliche Spülmaschinen in allen Großküchen unentbehrlich. Auch aus hygienischer Sicht sind maschinelle Spülverfahren den manuellen vorzuziehen, weil bei Beachtung aller Hygieneanforderungen vor, während und nach dem Spülprozess das maschinell gereinigte Spülgut einfach sauberer und mikrobiologisch unbedenklicher wird. Dennoch ist es manchmal unumgänglich, dass stark verschmutzte Gegenstände wie

Töpfe, Besteck oder auch Geschirr entweder manuell gereinigt bzw. vorgereinigt werden müssen. Für ein sauberes Spülergebnis sind Art und Leistungsfähigkeit der eingesetzten Spülmaschine entscheidend. Ihre Kapazität muss daher auf die Menge und Verschmutzung des Spülguts abgestimmt sein.

Spülgutkreislauf
Zur Gewährleistung des einwandfreien Hygienezustands der gespülten Güter ist ein hygienegerechter Ablauf in der Spülküche unumgänglich. Basis dafür ist die Konzipierung und Realisierung eines hygienegerechten Spülgutkreislaufs. Zu berücksichtigen ist besonders, dass einerseits durch schmutziges Geschirr die Speisen rekontaminiert werden können. Andererseits muss aber auch gewährleistet werden, dass das sauber gespülte Gut vor Wiederverwendung nicht erneut mit Schmutz und Keimen kontaminiert wird. Um all das zu verhindern, muss ein hygienegerechter Spülgutkreislauf geschaffen werden.
Dieser ist sowohl bauseitig als auch personell unter Beachtung der Trennung von „unrein“ und „rein“ zu gestalten. Abbildung 3.2 zeigt die Aufteilung.

Überprüfung der hygienischen Arbeitsweise der Spülmaschinen
Um sicher zu sein, dass die Geschirrspülmaschine auch ordnungsgemäß arbeitet, ist es wichtig, deren hygienische Arbeitsweise kontinuierlich zu überprüfen. Die Handlungsempfehlung dafür gibt die DIN SPEC 10534 (DIN SPEC 10534, 2012). Dazu gehören die laufende Kontrolle der Dosierung der Behandlungsmittel (Reiniger, Klarspüler) sowie Temperaturmessungen in den Reinigertanks zur Überprüfung der Solltemperaturen. Darüber hinaus sollte nach Aufstellung und in bestimmten Abständen umfassend die Wirksamkeit der Reinigung und Desinfektion der Maschine mikrobiologisch kontrolliert werden. Dafür empfiehlt die DIN SPEC 10534 dem Betreiber folgende Kontrollen:

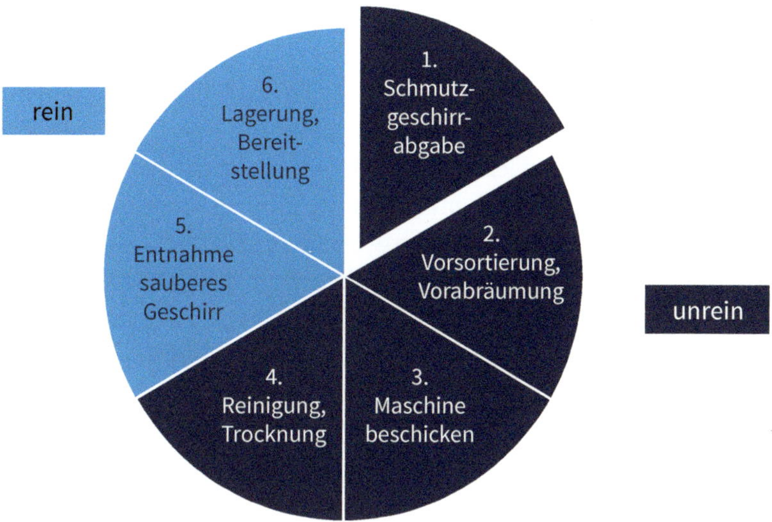

Abb. 3.2 Hygienegerechter Spülkreislauf

- ✓ 10 Abklatschproben zur Bestimmung der aeroben mesophilen Keimzahl (AKZ)
- ✓ 1 Probe von der Reinigerlösung zur Kontrolle der Reinigerflotte auf die AKZ-Belastung
- ✓ Proben von 3 x 8 (Prüfung nach Aufstellung) bzw. 1 x 8 (periodische Prüfung) Bioindikatoren (Bioindikatoren = Prüfkörper aus Edelstahl, die vor der Prüfung in einem darauf spezialisierten Labor mit einem standardisierten Testschmutz und dem Testkeim Enterococcus faecium kontaminiert werden)

Die mikrobiologische Kontrolle der Spülmaschine auf hygienische Arbeitsweise kann nur in Zusammenarbeit mit einem dafür akkreditierten Prüflabor erfolgen.

3.4.6 Händereinigung und -desinfektion

Methoden

Immer wieder wird im Zusammenhang mit mikrobiell verursachten Lebensmittelvergiftungen Fehlverhalten des Personals als Ursache ermittelt. Dabei rangiert eine unzureichende Händehygiene mit an erster Stelle. Das ist nicht verwunderlich, wenn man bedenkt, was die Hände alles anfassen und damit zum Hauptüberträger von Schmutz und Keimen werden. Daher ist eine wirksame Reinigung und Desinfektion der Hände eine wichtige Maßnahme zum Infektionsschutz.
Die Hände müssen durch Vorgänge wie Reinigen (Waschen), desinfizierendes Reinigen bzw. Desinfizieren in einen hygienisch unbedenklichen Zustand versetzt werden.

→ *Händereinigung*

Durch Waschen der Hände mit einer Flüssigseife (Waschlotion) werden diese gereinigt und mit der Schmutzentfernung wird auch ein Großteil der vorhandenen Keime mit weggespült.

→ *Hygienische, desinfizierende Händereinigung*

Hierbei werden zum Waschen der Hände Flüssigseifen mit desinfizierender Wirkung eingesetzt, das heißt, Reinigung und Desinfektion der Hände erfolgen in einem Arbeitsgang. Durch die Desinfektionskomponente wird neben der Schmutzentfernung und der damit verbundenen Keimwegspülung beim Händewaschen auch der größte Teil aller auf den Händen vorhandenen oberflächlichen Keime gezielt abgetötet.

→ *Hygienische Händedesinfektion*

Bei der hygienischen Händedesinfektion werden in der Regel alkoholische Präparate zur Keimabtötung aller oberflächlichen und der meisten tiefer in der Haut gelegenen Keime der Hände eingerieben.

Nach einer Einwirkzeit von mindestens 30 sec soll die notwendige Keimzahlreduzierung von VAH-gelisteten Präparaten (vgl. Kap. 3.4.3) erreicht sein.
In den meisten Bereichen der Küche ist es sinnvoll und ausreichend, mit desinfizierenden Flüssigseifen die Hände zu reinigen und zu desinfizieren. Nicht zuletzt um Hautirritationen zu vermeiden, die ebenfalls zu einem Hygienerisiko werden können, sollte der Einsatz der ausgesprochenen Händedesinfektionsmittel nur da erfolgen, wo besonders hohe Anforderungen bezüglich keimarmer Prozesse gestellt werden. Ein Beispiel wäre die Kaltportionierung der Speisen in Cook & Chill-Küchen. Dabei ist stets eine Handpflege gemäß Hautschutzplan vor allen Pausen und bei Arbeitsende vorzunehmen.

Hygienestation Händereinigung
In der europäischen Lebensmittelhygiene-Verordnung wird für alle Betriebsstätten, die mit Lebensmitteln umgehen, Folgendes gefordert:

- Vorhandensein von genügend Handwaschbecken an geeigneten Standorten
- Vorhandensein von Warm- und Kaltwasserzufuhr
- Vorhandensein von Mitteln für Händewaschung bzw. -desinfektion und zum hygienischen Händetrocknen

Im direkten Speisenzubereitungs- und Abfüll-/Verpackungsbereich sowie im Ausgabebereich sind Handwaschbecken mit berührungsloser Armatur und Armhebelspendern für Waschlotion und Desinfektionsmittel sowie Spendersysteme für Einmalhandtücher vorzusehen. Dabei ist auf einen sauberen Zustand und die Funktionsfähigkeit dieser Einrichtungen zu achten.
Die Präparate zur Händehygiene werden über Dosierspender appliziert. Für diese, wie auch für die Spender der Papierhandtücher, ist

eine kontinuierliche Befüllung mit Seifen- und Desinfektionsmitteln sicherzustellen.

Wann müssen die Hände gereinigt (und desinfiziert) werden?
Eine Grundforderung der Personalhygiene ist, dass die Hände zu reinigen und zu desinfizieren sind; so hat dies zu erfolgen:

- ✓ vor Arbeitsbeginn
- ✓ **nach jedem Toilettengang**
- ✓ nach jeder Pause
- ✓ nach Schnäuzen oder Niesen/Husten in die Hände
- ✓ nach Arbeiten mit kritischen Lebensmitteln wie Geflügel, Fleisch, Fisch, Ei
- ✓ nach der Vorbereitung von Gemüse, frischen Kräutern, frischen Früchten
- ✓ nach dem Tragen von Handschuhen (feuchtes Milieu begünstigt Keimvermehrung!) und
- ✓ nach jedem Anfassen von „Unreinem" wie zum Beispiel verschmutzte Gegenstände, Umgang mit Abfällen oder Speiseresten … und nach jedem Wechsel von „unrein" nach „rein".

Durchführung
Größter Wert ist auf eine gründliche, möglichst sorgfältige Reinigung und Desinfektion der Hände durch das Personal zu legen; dabei müssen Handinnenflächen, Daumen und Fingerzwischenräume ausreichend benetzt werden.

→ *Händereinigung*
Folgende Schritte beschreiben die richtige Durchführung des Händewaschens:

1. Abspülen der Hände (und Handgelenke) unter fließendem Wasser
2. Hände mit Flüssigseife ca. 30 sec einseifen/-schäumen; Seife dabei auch auf Handrücken und zwischen den Fingern und an den Fingerspitzen verreiben (s. Abbildung 3.3)
3. Hände gründlich unter fließend warmem Wasser abspülen
4. Hände mit Einweghandtüchern abtrocknen

→ ***Hygienische, desinfizierende Händereinigung***
Ablauf wie bei der Händereinigung, aber Verwendung einer desinfizierenden Handwaschseife

→ ***(Hygienische) Händedesinfektion***
Folgende Schritte beschreiben die richtige Durchführung der Händedesinfektion:

1. den Armhebel des Spenders mit dem Ellenbogen bedienen und 1 Hub Hände-Desinfektionsmittel in die Handinnenfläche geben
2. systematisch Hände und Handgelenke bis zur vollständigen Abtrocknung des Desinfektionsmittels einreiben, Dauer ca. 30 sec (Standard-Einreibemethode für die hygienische Händedesinfektion)

Die Schritte beim Einreiben der Behandlungsmittel zur Händehygiene zeigt Abbildung 3.3.

Abb. 3.3 Einreibemethode bei der Händehygiene (Standard-Einreibemethode gemäß EN 1500) Unter Verwendung von Bildern der Firma Schülke & Mayr GmbH (www.schuelke.com/media/docs/CH-DE/Plan_Haendedesfektion_D.pdf) Piktogramm: © T.Michael/fotolia_34732424

3.5 Schädlingsbekämpfung

In allen Betriebsräumen muss sichergestellt werden, dass Fliegen, Vögel und sonstige Schädlinge abgewehrt werden und der Schädlingsbefall kontrolliert wird.

In einem betrieblichen Schädlingsbekämpfungsplan müssen die Maßnahmen zum Schädlingsmonitoring (laufende Kontrolle auf Befall) festgelegt und Maßnahmen bei Befallserkennung beschrieben werden. Vorzugehen ist am besten nach den Empfehlungen der DIN 10523 (DIN 10523, 2016) als Leitlinie für eine gute Hygienepraxis bei der Schädlingsbekämpfung; hier findet sich auch ein Beispiel für einen Schädlingsbekämpfungsplan.
Ein Köderplan für die Aufstellung der Fallen sowie die protokollierte Dokumentation der Sicht- und Fallenkontrolle auf Befall (Ratten, Mäuse, Schaben etc.) gehören mit zu den Dokumenten im Rahmen der Schädlingsbekämpfung.
Bei der Schädlingsbekämpfung ist eine Zusammenarbeit mit einer Fachfirma zu empfehlen, zumal eine Bekämpfung im Falle eines Schädlingsbefalls sowieso nur durch entsprechend autorisiertes Fachpersonal durchgeführt werden darf.

3.6 Abfall- und Abwasserhandhabung

3.6.1 Abfall

Prinzipielles
Abfall jeglicher Art ist hygienisch suspekt und muss so gesammelt und entsorgt werden, dass keine nachteilige Beeinflussung der Lebensmittel sowie Schädigung des Menschen oder der Umwelt erfolgen kann. Außerdem ziehen Abfälle, besonders verwesende, durch ihre Gerüche Schädlinge an, sodass auch aus dieser Sicht die schnelle und sichere Entsorgung der Abfälle ein Gebot der Hygiene ist.
Daher gilt es, entsprechende Abfallgesetze und -regelungen zu kennen und einzuhalten.
Die Basis für den hygienischen Umgang mit Abfällen im Lebensmittelbetrieb bilden die Anforderungen aus der allgemeinen euro-

päischen Lebensmittelhygiene-Verordnung, der Verordnung (EG) Nr. 852/2004. Damit die Lagerung von Abfällen keinen nachteiligen Einfluss auf Lebensmittel haben kann, wird hier generell gefordert:

- Lebensmittel-Abfälle dürfen nicht über das nicht vermeidbare Maß hinaus in Produktionsräumen gesammelt werden
- Entfernung von Abfällen aus dem Lebensmittelbereich in den Arbeitspausen, aber mindestens 1 x täglich
- Aufbewahrung in Abfallsammelräumen, gegebenenfalls unter Kühlung
- Zeitpunkt bzw. Frequenz der Entsorgung abhängig von Art der Abfälle
- Abfälle müssen, soweit erforderlich, in verschließbaren und sich in einwandfreiem Zustand befindlichen Behältern gelagert werden
- diese Behälter müssen für die jeweiligen Abfälle geeignet und leicht zu reinigen und gegebenenfalls zu desinfizieren sein
- für die Lagerung und Entsorgung von Abfällen sind geeignete Vorkehrungen zu treffen
- Abfalllager müssen geeignet sein; sie müssen sauber und frei von tierischen Schädlingen gehalten werden
- Abfälle müssen hygienisch einwandfrei entsorgt werden und dürfen Lebensmittel weder direkt noch indirekt kontaminieren

Hochgradig hygienisch suspekt sind organische Abfälle, besonders tierische Komponenten enthaltende Lebensmittelreste oder -verwürfe. Sie bringen einerseits erhebliche mikrobielle Kontaminationsgefahren für die Lebensmittel mit sich, können andererseits aber auch ernsthafte Seuchengefahren darstellen. So ist eine sichere Entsorgung dieser als

tierische Nebenprodukte (= alle Erzeugnisse tierischen Ursprungs, die nicht für den menschlichen Verzehr bestimmt sind) bezeichneten Lebensmittelreste oder ehemaliger Lebensmittel einschließlich von Küchen- und Speisenabfällen unabdingbar, damit es nicht zu Infektionsgefahren für Menschen (oder Tiere) kommen kann. Daher ist es auch gemäß europäischer Verordnung (EG) Nr. 1069/2009 (VO [EG] Nr. 1069/2009, 2009) verboten, Küchen- und Speiseabfälle, die tierische Bestandteile enthalten, an Nutztiere zu verfüttern.

Geeignete Behälter

Der Abfall muss getrennt und in dafür geeigneten Behältern, die gegebenenfalls auch gereinigt und desinfiziert werden können, gesammelt und gegebenenfalls deklariert werden.
Küchen- und Speiseabfälle sind getrennt von sonstigen Abfällen zu halten, zu lagern, zu befördern und einer erlaubten Verwertung zuzuführen. Die zusätzliche Forderung für die Sammlung von Küchen- und Speiseabfällen besteht darin, dass diese gemäß Verordnung (EG) Nr. 1069/2009 in Behälter gesammelt werden müssen, die grün gekennzeichnet sind und auf denen steht: Material der Kategorie 3 – „Nicht für den menschlichen Verzehr". Stoffe rein pflanzlicher Herkunft können über die gewerbliche Biotonne entsorgt werden.

Entsorgungsnachweise

Entsorger für Küchen- und Speiseabfälle müssen registriert und zugelassen sein; es gibt eine entsprechende Veröffentlichung im Internet dazu (BMEL, 2018).
Jede Abholung von gewerblichen Küchen- und Speiseabfällen ist zu dokumentieren, wobei das abholende Unternehmen dem Erzeuger der Küchen- und Speiseabfälle einen Entsorgungsnachweis in Form eines Handelspapiers (gemäß VO (EG) Nr. 1069/2009) ausstellt.

3.6.2 Abwasser

Auch Abwasser ist hygienisch suspekt und noch dazu für die Umwelt problematisch, zum Beispiel durch schwer abbaubare Stoffe. Die besondere Hygienebrisanz resultiert daraus, dass im Abwasser Schmutz, Keime und Schadstoffe jeder Art vorhanden sind. So bietet das mit organischen Stoffen (Eiweiße, Fette etc.) angereicherte Abwasser den dort vorhandenen Keimen sehr gute Überlebens- und Wachstumschancen. Dadurch können sich Krankheitserreger und Verderbniskeime anreichern, was einerseits eine große Kontaminationsquelle für die Lebensmittel darstellt, aber andererseits auch zu einer ernsten Seuchengefahr für Mensch oder/und Tier werden kann. Daher verlangt das europäische Lebensmittelrecht (VO [EG] Nr. 852/2004) auch, dass die Abwasseranlagen für den beabsichtigten Zweck ausreichend und so beschaffen sein müssen, dass es nicht zu einer Kontaminationsgefahr für die Lebensmittel kommen kann. Abflussrinnen sind grundsätzlich so anzulegen, dass das Abwasser nicht aus einem kontaminierten Bereich in einen reinen Bereich fließen kann, das heißt, die Fließrichtung muss von rein nach unrein sein.
Bei verstopften Kanälen ist vor Beseitigung der Verstopfung der Bereich von Lebensmitteln zu räumen und vor Produktionsaufnahme eine Reinigung, gegebenenfalls auch eine Desinfektion der Flächen vorzunehmen.
Da jedes benutzte Wasser zu Abwasser wird, ist auch zu beachten, dass jegliches Abspritzen oder Zwischenreinigen von Geräten oder Maschinen in Anwesenheit von Lebensmitteln aus o. g. Gründen vermieden werden muss.

3.7 Trinkwasser

Ausnahmslos muss für alle Tätigkeiten in der Küche Trinkwasser verwendet werden. Das betrifft sowohl den Umgang mit den Lebensmitteln als auch alle Reinigungsarbeiten. Die einwandfreie mikrobiologische Qualität des in der Küche verwendeten Trinkwassers ist durch betriebliche Eigenkontrollen des Trinkwassers gemäß Trinkwasserverordnung nachzuweisen (vgl. auch Kap. 4).

3.8 Hygieneplan

Das betriebsspezifische Vorgehen zur Umsetzung der Hygienevorschriften und deren Kontrollen sind in einem Hygieneplan festzulegen. Schwerpunkte eines solchen betrieblichen Hygieneplans sind:

- ✓ Organisation der Personalhygiene
  - Arbeitskleidung, persönliche Hygiene, Händehygiene
  - Plan der Hygieneschulungen, IfSG-Folgebelehrung
- ✓ Plan der Überprüfung der Raum- und Anlagenhygiene inkl. Wartung der Belüftungs- und Klimaanlagen
- ✓ Havarieplan, etwa im Zusammenhang mit der Strom- und Wasserversorgung oder Abwasserbeseitigung
- ✓ Reinigungs- und Desinfektionsplan, Kontrollbuch Spülmaschinen
- ✓ Schädlingsbekämpfungsplan
- ✓ Abfallentsorgung (Sammlung, Abfalllager, planmäßige Abfuhr)
- ✓ Regelungen zur hygienegerechten Handhabung von Transportbehältern und zum Transport (innerbetrieblich, außerbetrieblich)
- ✓ Temperaturüberwachung in temperaturgeführten Betriebsbereichen und -einrichtungen
- ✓ Wareneingangskontrollen
- ✓ Plan der Hygienekontrollen (Personalhygiene, visuelle/optische und mikrobiologische Wirksamkeitskontrollen

der Reinigung und Desinfektion, Trinkwasseruntersuchungen nach Trinkwasserverordnung (TrinkwV 2001, 2016))

4 Eigenkontrollen und HACCP

4.1 Kontrollen der Basishygiene

4.1.1 Überprüfung der guten Hygienepraxis

Jeder Lebensmittelunternehmer soll regelmäßig überprüfen, ob er in seinem Betrieb auch die Grundvoraussetzungen und Handlungen erfüllt, die für die Realisierung einer hygienischen Umgebung notwendig sind. Es gilt, alle Teile des Hygienemanagements (vgl. Kapitel 3) im Sinne einer guten Hygienepraxis bzw. Herstellpraxis zu etablieren. Diese allgemeinen Voraussetzungen werden gemäß EU-Leitfaden HACCP (EU-Leitfaden, 2016) auch als PRPs (PRPs = prerequisite programs, dt. Basishygienemaßnahmen) bezeichnet und sie bilden die Grundlage für die Umsetzung eines wirksamen HACCP-Konzepts.

4.1.2 Kontrollbereiche

Im Rahmen seiner Sorgfaltspflicht ist jeder Lebensmittelunternehmer verpflichtet, durch eigene Kontrollen nachzuweisen, dass er Lebensmittel hygienisch einwandfrei produziert und diese Lebensmittel gesundheitlich unbedenklich sind. Er muss die Gewährleistung der Lebensmittelsicherheit (Artikel 14 der VO [EG] Nr. 178/2002) sowie die Einhaltung der Hygieneanforderungen (VO (EG) Nr. 852/2004 bzw. VO [EG] Nr. 853/2004) nachweisen. So sind laut Artikel 4 der VO (EG) Nr. 852/2004 u. a. Kontrollen zur Erfüllung mikrobiologischer Kriterien für Lebensmittel, Temperaturkontrollen für Lebensmittel, Kontrollen zu Aufrechterhaltung der Kühlkette sowie Probennahmen zwingend.

Der EU-Leitfaden HACCP (EU-Leitfaden, 2016) spricht in diesem Zusammenhang auch von sogenannten operativen Präventivprogrammen = oPRPs (oPRPs = operative prerequisite programs).

Bei diesen Eigenkontrollen geht es um den Nachweis, dass Maßnahmen der Betriebshygiene und sicheren Handhabung der Lebensmittel greifen, damit ein gesundheitlich unbedenkliches Lebensmittel in den Verkehr gebracht werden kann. Schwerpunktmäßig sind vor allem folgende Kontrollen zu berücksichtigen (= Kontrollpunkte oder Control points [CP] bzw. oPRPs).

- ✓ Wareneingangskontrollen
    - Übereinstimmung bestellter und gelieferter Ware einschließlich Lieferdatum überprüfen
    - Art (Spezifikation), Menge
    - Verpackung: sauber, unversehrt und vollständig; Schädlingsbefall
    - Kennzeichnung, besonders auch die MHD-Überprüfung
    - Temperatur bei kühlbedürftiger Ware und Einhaltung der Kühlkette
    - Hygienezustand Transportfahrzeug
- ✓ Kontrolle aller Lagerbereiche
    - Temperaturkontrollen der Kühl- und Tiefkühlräume
    - MHD-Kontrollen der Waren
    - Sauberkeit, Zustand, Funktionsfähigkeit
    - Schädlingsbefall
- ✓ Prozesskontrolle
    - Temperaturen Erhitzen, Heißhalten bis Ausgabe, Schnellkühlen, Regenerieren, Abfüllen, Lagern
    - Temperaturen Kühlen
- ✓ Überwachung der Raumhygiene (auch der Sanitärräume !!)
- ✓ Endproduktkontrolle
    - sensorische Kontrollen
    - Nährwertanalysen
    - mikrobiologische Kontrollen

    - Rückstellproben
- ✓ Warenausgangskontrollen
    - Kennzeichnung
    - Temperaturen
- ✓ mikrobiologische Untersuchungen des Trinkwassers nach Zapfstellenplan
    - Untersuchungspflichten des Lebensmittelunternehmers nach Trinkwasserverordnung (TrinkwV 2001, 2016) beachten
- ✓ Hygienekontrollen
    - Kontrolle der Wirksamkeit von Reinigungs- und Desinfektionsmaßnahmen durch optische Kontrollen (Checklisten) und mikrobiologische Kontrollen
    - mikrobiologische Kontrollen zum Nachweis der hygienegerechten Arbeitsweise der Spülmaschine
    - Personalhygiene, insbesondere Händehygiene
- ✓ Schädlingsmonitoring (Köderkontrollen)

4.1.3 Spezielle Hinweise

Temperaturmessungen
Zur Messung der Raumlufttemperaturen sind ausreichend Thermometer zu beschaffen. Das Kühllager sowie Transportfahrzeuge, zum Beispiel für Cook & Chill-Fertigprodukte, sollten mit einem Temperaturschreiber (Logger) ausgerüstet sein.
Für die Erfassung von Kerntemperaturen der Produkte sind genügend Einstechthermometer für die zu messende Temperaturspanne heiß–kalt von 100 °C bis 0 °C zur Verfügung zu stellen. Vorzugsweise sollten dafür elektronische Thermometer mit einer Auswahl entsprechender Messfühler verwendet werden. Mindestens für die Erfassung des Schnellkühlprozesses und den Kühltransport der Produkte sind

Temperaturlogger zu verwenden, deren Temperaturen und Zeiten über den PC ausgelesen werden.

Mikrobiologische Kontrollen

Mikrobiologische Kontrollen betreffen zum einen das Produkt und zum anderen die Untersuchung des Produktionsumfelds. Außerdem zählen Trinkwasseruntersuchungen dazu.

Zu den **Produktuntersuchungen** gehören **vor** der ersten Kundenbelieferung die mikrobiologischen Untersuchungen der verzehrfertigen Endprodukte und zusätzlich bei Cook & Chill-Produkten Verlaufsuntersuchungen zur Bestätigung der Gewährleistung der mikrobiologischen Kriterien während der Lagerzeit der Speisen. Durch anschließend regelmäßig stattfindende mikrobiologische Kontrollen der Produkte, zum Beispiel einmal im Quartal, kann die hygienisch einwandfreie Beschaffenheit der Speisen nachgewiesen werden.

Auch eine regelmäßige mikrobiologische Erfolgskontrolle der **Reinigungs- und Desinfektionsmaßnahmen** ist notwendig (vgl. 3.4.4 und 3.4.5). Besonders der Nachweis des sauberen und mikrobiologisch einwandfreien Zustands der Abfüll- bzw. Portioniergeräte sowie der Speisenbehälter wie GN-Schalen usw. sind wichtig. Daher sollten auch mindestens einmal im Quartal, bei auftretenden Problemen jedoch öfter, mikrobiologische Kontrollen des Produktionsumfelds bzw. des Spülguts erfolgen.

Umfang und Häufigkeiten der Hygienekontrollen sind individuell festzulegen (bis auf Trinkwasserkontrollen, die gesetzlich vorgeschrieben sind), müssen aber dem Versorgungsauftrag angemessen sein. Dabei ist bei der Aufstellung von Probenplänen immer der Grundsatz zu verfolgen, dass die Beprobung repräsentativ sein muss, um den Nachweis der gesundheitlichen Unbedenklichkeit und der Einhaltung der Qualitätsparameter der Speisen führen zu können.

Auch mikrobiologische **Trinkwasseruntersuchungen** sind durch den Lebensmittelunternehmer zu veranlassen. Probenahme und Untersuchungen des Trinkwassers dürfen nur durch dafür akkreditierte Probenehmer bzw. Prüflaboratorien erfolgen. Häufigkeit und Anzahl der Proben richten sich nach dem Wasserverbrauch im Unternehmen. Mindestens ist jedoch einmal im Jahr eine routinemäßige und eine umfangreiche Untersuchung des Trinkwassers zu veranlassen.

4.2 HACCP

Außer den oben beschriebenen Kontrollen der Basishygiene müssen Lebensmittelunternehmer gemäß Artikel 5 der Verordnung (EG) Nr. 852/2004 ein oder mehrere ständige Verfahren, die auf den HACCP-Grundsätzen beruhen, einrichten, durchführen und aufrechterhalten.
HACCP ist die Abkürzung für Hazard Analysis Critical Control Points (**H**azard = Gefahr, **A**nalysis = Analyse, **C**ritical = kritisch, **C**ontrol = Lenkung, **P**oint = Punkt, Stufe). Es beschreibt ein System, das durch Kontrolle und Steuerung an sogenannten CCPs **im Herstellungsprozess** sichere, das heißt gesundheitlich unbedenkliche Lebensmittel gewährleisten soll.

4.2.1 HACCP-Grundsätze

Das HACCP beruht nach Codex Alimentarius (= Sammlung von Standards und Normen für die Lebensmittelsicherheit und -qualität durch FAO und WHO) auf folgenden sieben Grundsätzen:

❶ *Gefahrenanalyse*
Im Rahmen dieses Konzepts muss als Erstes produktbezogen eine Gefahrenanalyse durchgeführt werden. Hier sind auf allen Stufen des (Herstell-) Prozesses die relevanten biologischen, vor allem mikrobiologischen, chemischen und physikalischen Gefahren zu erfassen, die die gesundheitliche Unbedenklichkeit des Endprodukts beein-

trächtigen können. Nach dem Erfassen aller möglichen Gefahren je Prozessstufe wird in einer anschließenden Risikobewertung betrachtet, wie hoch die Gefährdung tatsächlich für das Produkt bzw. die menschliche Gesundheit der damit zu versorgenden Verbrauchergruppe ist. Außerdem ist schon hier eine Betrachtung von möglichen Maßnahmen zur Beherrschung der Gefahr vorzunehmen. Als Kontrollmaßnahmen kommen gemäß EU-Leitfaden HACCP (EU-Leitfaden, 2016) infrage: PRP = präventive Maßnahmen im Rahmen der Überprüfung der Grundhygiene (bilden die Grundlage für die Umsetzung eines wirksamen HACCP-Konzepts), oPRPs = operative Kontrollmaßnahmen zur Überprüfung an den Produktionsprozess gebundener Parameter oder eigentliche CCPs zur Kontrolle **und** Lenkung prozessgebundener Parameter.

❷ *Festlegung der CCPs („kritische Lenkungs- [Kontroll-] punkte")*
Dann wird geprüft, ob es Stufen im Prozessablauf gibt, die systematisch überwacht (gemessen) werden können und an denen man (noch) korrigierend in den Herstellungsprozess eingreifen kann, um eine gravierende Gefahr entweder ganz auszuschalten oder aber zumindest auf ein akzeptables Maß zu reduzieren. Ist das möglich, wird an dieser Stelle ein CCP implementiert. Im Unterschied zu den (einfachen) operativen Kontrollen, CPs (Control Point) oder neuerdings auch oPRPs genannt, zur Kontrolle der Basishygienemaßnahmen ist für einen CCP entscheidend, dass an dieser Stelle immer eine Prozessschrittkorrektur möglich sein muss. Der CCP bezeichnet somit die Prozessstufe, an der die relevante Gefahr ausgeschaltet oder auf ein unbedenkliches Maß reduziert werden kann.

❸ *Festlegung von Grenzwerten für jeden kritischen Kontrollpunkt*
Es müssen für die ermittelten CCPs Grenzwerte (zum Beispiel Temperatur-/Zeitvorgaben bei der Heißhaltung oder Abkühlung von Speisen) festgelegt werden, um Abweichungen und Gefährdungen

im Prozess erkennen zu können. Grenzwerte sind entweder durch gesetzliche Vorschriften vorgegeben oder entsprechen dem neuesten Stand der Wissenschaft und Technik. Dafür sind auch Leitlinien für eine gute Hygienepraxis mit heranzuziehen.

❹ *Einrichtung eines Systems regelmäßiger Prüf- und Überwachungsmaßnahmen für jeden CCP (Verfahren zum Monitoring)*
Als Nächstes müssen Monitoring-, das heißt Überwachungsmaßnahmen zur regelmäßigen Überprüfung der CCPs festgelegt werden, um sicherzustellen, dass die festgelegten Grenzwerte eingehalten werden. Konkret dafür müssen Methoden, Zeitpunkte und für die Messung verantwortliche Personen für jeden CCP bestimmt und die entsprechenden Protokollformulare erarbeitet werden. Die Beobachtungen und Messungen können kontinuierlich oder auch periodisch durchgeführt werden. Bei letzterem allerdings müssen Art und Frequenz dazu geeignet sein, den CCP auch zu beherrschen.

❺ *Festlegung von Korrekturmaßnahmen*
Es müssen für den Fall der Abweichungen vom Grenzwert bei der CCP-Kontrolle konkrete Korrekturmaßnahmen vorgegeben werden. Diese können beispielsweise eine Prozessschrittkorrektur beinhalten, aber auch schlimmstenfalls zum Verwurf der Speise führen. Dafür müssen auch die Zuständigkeit und Verantwortlichkeit klar definiert und entsprechende Aufzeichnungsprotokolle erarbeitet werden.

❻ *Festlegung von regelmäßigen Verifizierungsmaßnahmen*
Verifizierung heißt, etwas auf Wahrheit, auf Richtigkeit zu überprüfen. Das bedeutet, dass das HACCP-System regelmäßig und natürlich bei Produktwechsel verifiziert, das heißt auf Wirksamkeit und Aktualität überprüft und überarbeitet werden muss. Dafür muss das HACCP-Team entsprechende Vorgaben erarbeiten, wobei auch regelmäßige Audits zu planen sind.

7 *Dokumentation*

HACCP-Verfahren müssen im HACCP-Plan und allen dazugehörigen Aufzeichnungen dokumentiert werden. Die HACCP-Dokumentation gliedert sich in zwei Teile:

- ✓ Ausarbeitung und Aufbau des HACCP-Konzepts
  Hierzu gehören u. a. die Gefahrenanalyse und Vorgabedokumente wie Produktbeschreibungen, Flussdiagramme sowie die CCP-Bestimmung und -beschreibung sowie weitere Unterlagen.
- ✓ Führen von Aufzeichnungen
  Dazu gehören etwa Temperaturlisten, Zeitangaben, Einleitung von Korrekturmaßnahmen.

Der zeitliche Ablauf aller Arbeiten im Zusammenhang mit dem HACCP-Konzept ist aus Abbildung 4.1 ersichtlich:

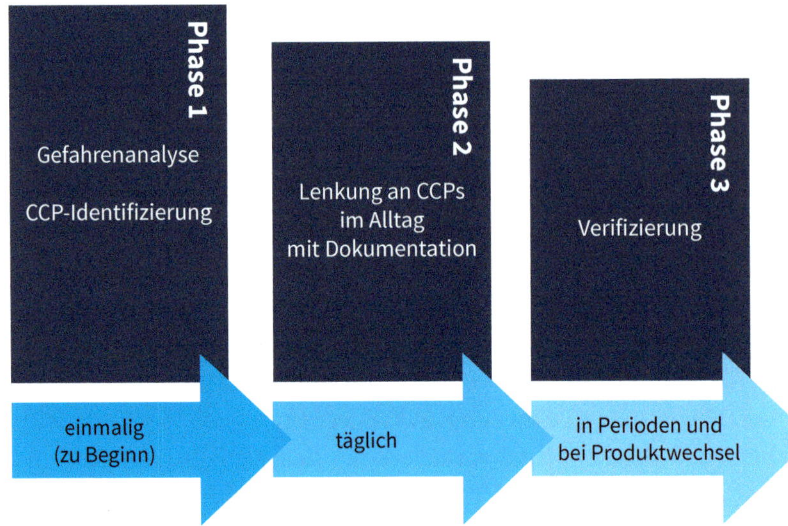

Abb. 4.1 Phasen bei der Umsetzung eines HACCP-Systems

Für weitere Informationen zum HACCP-System ist das Merkblatt „Fragen und Antworten zum HACCP-Konzept" vom Bundesinstitut für Risikobewertung zu empfehlen (BfR, 2005).

4.2.2 Flexibilisierung des HACCP-Verfahrens

In kleineren Betrieben wird eine 1-zu-1-Umsetzung des vollständigen HACCP-Konzepts nicht immer möglich sein. Wenn für solche Betriebe eine Identifizierung der CCPs schwer möglich ist, so kann gegebenenfalls nach Artikel 15 der VO (EG) Nr. 852/2004 die gute Hygienepraxis eine Überwachung der CCPs ersetzen. Auch die Dokumentation und Aufbewahrung der Unterlagen kann entsprechend der Art und Größe des Betriebes angemessen flexibel gestaltet werden.

4.2.3 Vorbereitende Tätigkeiten

Bevor das eigentliche HACCP-Konzept erarbeitet werden kann, müssen allerdings folgende vorbereitende Schritte erfolgen.

❶ *Bildung eines fachübergreifenden HACCP-Teams*
Durch die Bildung eines fachübergreifenden Teams sollen alle Kompetenzbereiche, die man bei der Erstellung eines HACCP-Konzeptes braucht, abgedeckt werden. Dazu gehören u. a. Mikrobiologie und Hygiene, Lebensmittelrecht, Produktion, Technik, Qualitätsmanagement, Produktentwicklung, Einkauf, Verkauf. Die Integration der amtlichen Lebensmittelüberwachung von Anfang an ist empfehlenswert.

❷ *Erarbeitung von Produktbeschreibungen (Fertigproduktspezifikationen)*
Die Beschreibung des Produktes sollte möglichst umfassend erfolgen, wobei u. a. solche Punkte wie Zusammensetzung, Beschaffen-

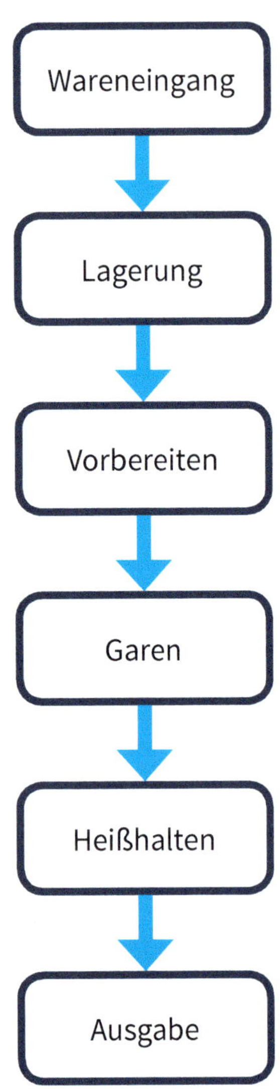

Abb. 4.2 Standard-Flussdiagramm Warmspeisen (Cook & Serve/Hold)

heit, Behandlungsform, Aufmachung und Verpackung, Lagerungs- und Vertriebsbedingungen, Haltbarkeitsdauer sowie Zubereitungshinweise Berücksichtigung finden müssen.

❸ *Ermittlung des vorgesehenen Verwendungszwecks*

Die vorgesehene Verwendung des Produktes beschreibt den zu erwartenden Gebrauch durch den Endverbraucher. Wichtig für die spätere Risikobetrachtung ist, für jedes Produkt die Verbrauchergruppe, besonders auch unter Einbeziehung der empfindlichen Verbrauchergruppen, zu erfassen und die Zubereitungsart des Lebensmittels mit einzubeziehen.

❹ *Erarbeitung von Flussdiagrammen (Beschreibung des Herstellprozesses)*

Die Hauptschritte der Produktherstellung vom Wareneingang bis zum Inverkehrbringen des Endprodukts müssen in ihrem Ablauf als Flussdiagramm erfasst werden, worauf die spätere Gefahrenanalyse basiert. Hierbei können die Produkte, die einem ähnlichen Produktionsablauf folgen, in ein Standardflussdiagramm verbracht werden. Als Beispiel wird die Herstellung von warmen Speisen im Cook & Serve-Verfahren in Abbildung 4.2 dargestellt.

Nach Abschluss dieser Vorbereitungen beginnt die eigentliche Konzepterstellung; dabei sind die HACCP-Grundsätze 1–7 (s. o.) zu berücksichtigen.

4.2.4 CCP in der Küche

Für die Warmspeisen aus der Küche sind aufgrund von Empfehlungen bzw. Leitlinien für eine gute Hygienepraxis folgende CCPs relevant:

- Cook & Serve (Hold)-Verfahren gemäß BfR-Empfehlung (BfR, 2013)
    - 2 CCPs
    - Garen und Heißhalten
- Cook & Chill-Verfahren gemäß DIN 10536 (2016)
    - 3 CCPs
    - Garen, Schnellkühlen und Regenerieren

(vgl. auch KLEINER u. REICHE, 2016)
Tabelle 4.1 enthält eine Zusammenstellung zu den CCPs.

Tab. 4.1 CCPs beim Cook & Serve- bzw. Cook & Chill-Verfahren

	Anforderungen an Produkttemperatur und Zeit	
Prozessschritt	Cook & Serve (Hold)	Cook & Chill
Garen	CCP 1: > 72 °C mindestens 2 min	CCP 1: > 72 °C mindestens 2 min
Heißhalten	CCP 2: > 65 °C max. 3 Stunden	
Schnellkühlen		CCP 2: von 65 °C auf 3 °C in 90 min*
Regenerieren		CCP 3: > 72 °C mindestens 2 min

*ggf. längere Abkühlzeiten bis max. 120 min möglich

4.2.5 Dokumentation

Im Rahmen des HACCP-Konzeptes müssen viele Dokumente erstellt werden. Dabei handelt es sich zum einen um Vorgabedokumente und zum anderen um Aufzeichnungen.
Zu den Vorgabedokumenten gehören:

- Produktbeschreibungen
- Festlegung des Verwendungszwecks
- Prozessabläufe (Flussdiagramme)
- Gefahrenanalysen
- CCP-Beschreibung

Zu den Aufzeichnungen gehören zum Beispiel folgende Protokolle:

Bei Cook & Serve (Hold):

- CCP 1 – Protokoll Garen und Haltezeit, mit eingeleiteten Korrekturmaßnahmen, produktbezogen
- CCP 2 – Protokoll Temperatur und Zeiten Heißhalten, mit eingeleiteten Korrekturmaßnahmen, produktbezogen

Bei Cook & Chill:

- CCP 1 – Protokoll Garen und Haltezeit, mit eingeleiteten Korrekturmaßnahmen, produktbezogen
- CCP 2 – Protokoll Schnellkühlen, mit eingeleiteten Korrekturmaßnahmen, produktbezogen
- CCP 3 – Protokoll Regenerieren mit Haltezeit, mit eingeleiteten Korrekturmaßnahmen, produktbezogen

Als Weiteres muss ein Nachweis der am jeweiligen CCP möglicherweise vorgenommenen Korrekturmaßnahmen (zum Beispiel bei Schnellkühlproblemen die Verwendung als Frischkost) geführt werden = Korrekturmaßnahmenblatt.

Literaturverzeichnis

* *AVV – LmH (2009):* Allgemeine Verwaltungsvorschrift über die Durchführung der amtlichen Überwachung der Einhaltung von Hygienevorschriften für Lebensmittel und zum Verfahren zur Prüfung von Leitlinien für eine gute Verfahrenspraxis (AVV Lebensmittelhygiene – AVV LmH). Bekanntmachung der Neufassung vom 9. November 2009, BAnz. S. 4005, zuletzt geändert durch Verwaltungsvorschrift vom 20.10.2014 (BAnz AT 07.11.2014 B2) – i. d. a. F.
* *Berg, Ch. (2006):* Probenahme auf Risikobasis – Mikrobiologische Gefahren in Lebensmitteln. Verlag für Handwerk und Gewerbe Kissing
* *BfR – Bundesinstitut für Risikobewertung (2005):* Fragen und Antworten zum Hazard Analysis and Critical Control Point (HACCP)-Konzept
www.bfr.bund.de/cm/350/fragen_und_antworten_ zum_hazard_analysis_and_critical_control_point_haccp_konzept. pdf
* *BfR – Bundesinstitut für Risikobewertung (2015):* An Krankheitsausbrüchen beteiligte Lebensmittel in Deutschland im Jahr 2014. Information Nr. 039/2015 des BfR vom 15. Oktober 2015 www.bfr.bund.de/cm/343/an-krankheitsausbruechen-beteiligte-lebensmittel-in-deutschland-im-jahr-2014.pdf
* *BfR – Bundesinstitut für Risikobewertung (2015):* Sicher verpflegt. Besonders empfindliche Personengruppen in Gemeinschaftseinrichtungen.
www.bfr.bund.de/cm/350/sicher-verpflegt-besonders-empfindliche-personengruppen-in-gemeinschaftseinrichtungen.pdf
* *BfR – Bundesinstitut für Risikobewertung (2016):* Bewertung von stofflichen Rückständen in Lebensmitteln.
www.bfr.bund.de/de/bewertung_von_stofflichen_rueckstaenden_in_lebensmitteln -431.html

* *BfR – Bundesinstitut für Risikobewertung (2016):* Fragen und Antworten zum Schutz vor Infektionen mit Salmonellen. FAQ des BfR vom 9. November 2016. www.bfr.bund.de/cm/343/fragen-und-antworten-zum-schutz-vor-infektionen-mit-salmonellen.pdf
* *BfR – Bundesinstitut für Risikobewertung (2016):* Rohmilch: Abkochen schützt vor Infektion mit Campylobacter. Stellungnahme Nr. 008/2016 des BfR vom 13. April 2016. www.bfr.bund.de/.../rohmilch-abkochen-schuetzt-vor-infektionen-mit-campylobacter.pdf
* *BLL – Bund für Lebensmittelrecht und Lebensmittelkunde e. V.:* www.bll.de/de/lebensmittel/kennzeichnung/allergene
* *BLL – Bund für Lebensmittelrecht und Lebensmittelkunde e. V.:* www.bll.de/de/lebensmittel/sicherheit/hygiene
* *BMEL – Bundesministerium für Ernährung und Landwirtschaft (2014):* Bekanntmachung der Grundsätzlichen Ausführungen der Projektgruppe „Erarbeitung risikobasierter Anforderungen an die Zulassung von Betrieben" der Arbeitsgruppe Fleisch- und Geflügelfleischhygiene und fachspezifische Fragen von Lebensmitteln tierischer Herkunft der Länderarbeitsgemeinschaft Verbraucherschutz (AFFL) vom 20. Januar 2014. https://goo.gl/CEbAB3
* *BMEL – Bundesministerium für Ernährung und Landwirtschaft (2018):* Nummernschlüssel für die Betriebsart – zugelassene und registrierte Unternehmen, Anlagen oder Betriebe. https://goo.gl/7pZg88
* *Bölts, M. (2015):* Qualität auf höchstem Niveau: Die DGE-Qualitätsstandards für die Healthcare-Verpflegung. HKI-Forum „Care-Verpflegung mit System", 25.11.2015, Frankfurt, Vortrag
* *Caritas, Diakonie (2009):* Wenn in sozialen Einrichtungen gekocht wird. Leitlinie für eine gute Lebensmittelhygienepraxis in sozialen Einrichtungen – erstellt und anerkannt gemäß Artikel 8 der Verordnung (EG) über Lebensmittelhygiene Nr. 852/2004, Hrsg. Deutscher

Caritasverband, Diakonie Deutschland; Lambertus Verlag Freiburg

* *Caritas, Diakonie (2016):* Ergänzungsband für Zentralküchen und Cook & Chill zu ‚Wenn in sozialen Einrichtungen gekocht wird'. Leitlinie für eine gute Lebensmittelhygienepraxis in Zentralküchen – Zusatzveröffentlichung zur Leitlinie für eine Gute Lebensmittelhygienepraxis in sozialen Einrichtungen, Hrsg. Deutscher Caritasverband, Diakonie Deutschland; Lambertus Verlag Freiburg
* *DEHOGA (2012):* Deutscher Hotel- und Gaststättenverband e. V. (DEHOGA): Hygiene-Leitlinie für die Gastronomie. Deutscher Hotel- und Gaststättenverband e. V. (DEHOGA Bundesverband); Verlag Interhoga
* *DIN 10113 -1 (1997):* Bestimmung des Oberflächenkeimgehaltes auf Einrichtungs- und Bedarfsgegenständen im Lebensmittelbereich – Teil 1: Quantitatives Tupferverfahren. Beuth Verlag Berlin
* *DIN 10113 -2 (1997):* Bestimmung des Oberflächenkeimgehaltes auf Einrichtungs- und Bedarfsgegenständen im Lebensmittelbereich – Teil 2: Semiquantitatives Tupferverfahren. Beuth Verlag Berlin
* *DIN 10113 -3 (1997):* Bestimmung des Oberflächenkeimgehaltes auf Einrichtungs- und Bedarfsgegenständen im Lebensmittelbereich – Teil 3: Semiquantitatives Verfahren mit nährbodenbeschichteten Entnahmevorrichtungen (Abklatschverfahren). Beuth Verlag Berlin
* *DIN 10506 (2018):* Lebensmittelhygiene – Gemeinschaftsverpflegung. Beuth Verlag Berlin
* *DIN 10508 (2012):* Lebensmittelhygiene –Temperaturen für Lebensmittel. Beuth Verlag Berlin
* *DIN 10514 (2009):* Lebensmittelhygiene – Hygieneschulung. Beuth Verlag Berlin
* *DIN 10516 (2009):* Lebensmittelhygiene – Reinigung und Desinfektion. Beuth Verlag Berlin

* *DIN 10523 (2016):* Lebensmittelhygiene – Schädlingsbekämpfung im Lebensmittelbereich. Beuth Verlag Berlin
* *DIN 10526 (2017):* Rückstellproben in der Gemeinschaftsverpflegung. Beuth Verlag Berlin
* *DIN 10536 (2016):* Lebensmittelhygiene – Cook & Chill-Verfahren –Hygieneanforderungen. Beuth Verlag Berlin
* *DIN SPEC 10534 (2012):* Lebensmittelhygiene – Gewerbliches maschinelles Spülen – Hygieneanforderungen, Prüfung; Text Deutsch und Englisch. Beuth Verlag Berlin
* *DVG (2018):* 8. Liste der nach den Richtlinien der DVG (4. Auflage) geprüften und als wirksam befundenen Desinfektionsmittel (Handelspräparate, Ausbringverfahren nicht geprüft) für den Lebensmittelbereich. Tagesaktueller Stand unter: www.desinfektion-dvg.de
* *ESFA (2010):* Lebensmittelrisiken. Zusammenfassender Bericht EUROBAROMETER SPEZIAL 354, Welle 73,5 – TNS Opionion & Social. www.efsa.europa.eu/sites/default/files/assets/riskperceptionreports_de.pdf
* *ESFA (2014):* Hepatitis-A-Ausbruch: EFSA koordiniert Rückverfolgungsuntersuchung. www.efsa.europa.eu/de/press/news/140908
* *EU-Leitfaden HACCP (2016):* Europäische Kommission: Bekanntmachung der Kommission zur Umsetzung von Managementsystemen für Lebensmittelsicherheit unter Berücksichtigung von PRPs und auf die HACCP-Grundsätze gestützten Verfahren einschließlich Vereinfachung und Flexibilisierung bei der Umsetzung in bestimmten Lebensmittelunternehmen. https://goo.gl/jYExnA
* *Gefahrstoffverordnung – GefStoffV 2010:* Verordnung zum Schutz vor Gefahrstoffen vom 26. November 2010 (BGBl. I S 1643) – i. d. a. F.
* *Hiller, P. (2010):* Zoonosen und andere lebensmittelbedingte Infektionen. NRW, Vortrag November 2010

* *IfSG (2000):* Infektionsschutzgesetz vom 20. Juli 2000 (BGBl. I S. 1045), das zuletzt durch Artikel 4 Absatz 20 des Gesetzes vom 18. Juli 2016 (BGBl. I S. 1666) geändert worden ist), – i. d. a. F.
* *IHO (2018):* IHO-Desinfektionsmittelliste für den Lebensmittelbereich. www.iho-desinfektionsmittelliste.de
* *Keweloh, H; Hamdorf, J. und Maria Revermann (2016):* Mikroorganismen in Lebensmitteln: Theorie und Praxis der Lebensmittelhygiene, 6. Aufl., Europa-Lehrmittel Verlag (Fachbuchverlag Pfanneberg) Haan-Gruiten
* *Kleiner, U. (2012):* Reinigung und Desinfektion. Hygiene in Großküchen. Kap. IX, Behr's Verlag Hamburg
* *Kleiner, U. und Th. Reiche (2016):* Cook & Chill in Theorie und Praxis, 2. Aufl., Behr's Verlag Hamburg
* *Krämer, J. und A. Prange (2017):* Lebensmittel-Mikrobiologie. 7. Auflage. Stuttgart: Ulmer, 2017, S. 144.
* *LFGB (2005):* Lebensmittel- und Futtermittelgesetzbuch (2005): Lebensmittel-, Bedarfsgegenstände- und Futtermittelgesetzbuch. In der Fassung der Bekanntmachung vom 3. Juni 2013, BGBl. I S. 1426.- i. d. a. F.
* *LMHV (2007, 2016):* Verordnung über Anforderungen an die Hygiene beim Herstellen, Behandeln und Inverkehrbringen von Lebensmitteln (Lebensmittelhygiene-Verordnung) vom 8. August 2007. Neugefasst durch Bek. v. 21. Juni 2016, BGBI. I , S. 1469 – i. d. a. F.
* *LMIV – Lebensmittel-Informationsverordnung (2011):* Verordnung (EU) Nr. 1169/2011 vom 25.10.2011. Abl. der EU l 304/18 vom 22.11.2011
* *Messelhäußer, U. (2016):* Lebensmittelbedingte Ausbrüche durch bakterielle Toxinbildner in Bayern (2005–2015). BfR-Symposium Zoonosen und Lebensmittelsicherheit. Berlin, 10.–11. November 2016.w www.bfr.bund.de/cm/343/lebensmittelbedingte-ausbrueche-durch-bakterielle-toxinbildner-in-bayern-2005-2015.pdf

* *RKI – Robert Koch-Institut (2011):* Bericht: Abschließende Darstellung und Bewertung der epidemiologischen Erkenntnisse im EHEC O104:H4 Ausbruch, Deutschland 2011. Berlin 2011. www.rki.de/DE/Content/InfAZ/E/EHEC/EHEC_O104/EHEC-Abschlussbericht.html
* *RKI – Robert Koch-Institut (2012):* Bericht: Darstellung und Bewertung der epidemiologischen Erkenntnisse im Ausbruch von Norovirus-Gastroenteritis in Einrichtungen mit Gemeinschaftsverpflegung, Ostdeutschland, September–Oktober 2012. Berlin 2012.
www.rki.de/DE/Content/InfAZ/L/Lebensmittel/Gastroenteritis_Ausbruch_2012/Lagebericht_Ausbr_Noro-Gastro_09-10_2012.html
* *RKI – Robert Koch-Institut (2017):* Gemeinsamer nationaler Bericht des BVL und RKI zu lebensmittelbedingten Krankheitsausbrüchen in Deutschland, 2015. RKI, Epidemiologisches Bulletin, 3/2017, S. 29–30.
* *RKI – Robert Koch-Institut (2018):* Lebensmittelbedingte meldepflichtige Infektionskrankheiten in Deutschland 2017 und 2016. Datenstand: 17. Jan. 2018. RKI, Epidemiologisches Bulletin, 3/2018, S. 46–48.
* *Schreiner, H. (2012):* Sieben Hauptregeln zum hygienischen Umgang mit Lebensmitteln. Bayerisches Staatsministerium für Umwelt und Verbraucherschutz.
www.vis.bayern.de/ernaehrung/lebensmittelsicherheit/hygiene/7regeln.htm
* *Tier-LMHV (2007):* Verordnung über Anforderungen an die Hygiene beim Herstellen, Behandeln und Inverkehrbringen von bestimmten Lebensmitteln tierischen Ursprungs (Tierische Lebensmittel-Hygieneverordnung – Tier-LMHV) vom 8. August 2007. BGBl. I, Nr. 39, S. 1816, 1828. – i. d. a. F.
* *TrinkwV 2001 (2016):* Verordnung über die Qualität von Wasser

für den menschlichen Gebrauch. Neugefasst durch Bek. v. 10.3.2016, BGBl. I S. 459) – i. d. a. F.

* *VAH-Liste (2017):* Liste chemischer Verfahren für die prophylaktische Desinfektion sowie für die hygienische Händewaschung, die von der Desinfektionsmittel-Kommission im Verbund für Angewandte Hygiene (VAH) e. V. in Zusammenarbeit mit DGHM, DGKH, GHUP und BVÖGD auf der Basis der Anforderungen und Methoden zur VAH-Zertifizierung chemischer Desinfektionsverfahren geprüft und als wirksam befunden wurden – z. Z. Stand: 05. Oktober 2017 (Druckausgabe).
* *VO (EG) Nr. 178/2002 (2002)* – Verordnung (EG) Nr. 178/2002 des Europäischen Parlaments und des Rates zur Festlegung der allgemeinen Grundsätze und Anforderungen des Lebensmittelrechts, zur Errichtung der Europäischen Behörde für Lebensmittelsicherheit und zur Festlegung von Verfahren zur Lebensmittelsicherheit vom 28.01.2002. Amtsblatt der EU, L 31/1; 01.02.2002 – i. d. a. F.
* *VO (EG) 852/2004* – Verordnung (EG) Nr. 852/2004 des Europäischen Parlaments und des Rates über Lebensmittelhygiene vom 29.04.2004, Amtsblatt der EU, L 139/1 vom 30.04.2004, ber. durch ABl. Nr. L 226/1 , 25.06.2004 – i. d. a. F.
* *VO (EG) 853/2004* – Verordnung (EG) Nr. 853/2004 des Europäischen Parlaments und des Rates mit spezifischen Hygienevorschriften für Lebensmittel tierischen Ursprungs Vom 29. April 2004. Amtsblatt der EU Nr. L 139/55, ber. durch ABl. Nr. L 226/22 vom 25. 6. 2004 – i. d. a. F.
* *VO (EG) Nr. 854/2004 (2004):* Verordnung (EG) Nr. 854/2004 des Europäischen Parlaments und des Rates über Lebensmittelhygiene vom 29.04.2004 mit besonderen Verfahrensvorschriften für die amtliche Überwachung von zum menschlichen Verzehr bestimmten Erzeugnissen tierischen Ursprungs.
Amtsblatt der EU, L 139/206 vom 30.04.2004 – i. d. a. F.

* *VO (EG) Nr. 882/2004 (2004):* Verordnung (EG) Nr. 882/2004 des Europäischen Parlaments und des Rates über Lebensmittelhygiene vom 29.04.2004 über amtliche Kontrollen zur Überprüfung der Einhaltung des Lebensmittel- und Futtermittelrechts sowie der Bestimmungen über Tiergesundheit und Tierschutz„ Amtsblatt der EU, L 165/1; 30.04.2004 – i. d. a. F.
* *VO (EG) Nr. 2073/2005 (2005):* Verordnung (EG) Nr. 2073/2005 vom 15. November 2005 über mikrobiologische Kriterien für Lebensmittel. Amtsblatt der EU L 338/1; 22.12.2005 – i. d. a. F.
* *VO (EG) Nr. 1907/2006 (2006):* Verordnung (EG) Nr. 1907/2006 des Europäischen Parlaments und des Rates zur Registrierung, Bewertung, Zulassung und Beschränkung chemischer Stoffe (REACH) … vom 18. Dezember 2006, ABl. L 396 vom 30.12.2006, S. 1 – i. d. a. F.
* *VO (EG) Nr. 1069/2009 (2009):* Verordnung (EG) Nr. 1069/2009 des Europäischen Parlaments und des Rates vom 21. Oktober 2009 mit Hygienevorschriften für nicht für den menschlichen Verzehr bestimmte tierische Nebenprodukte und zur Aufhebung der Verordnung (EG) Nr. 1774/2002 (Verordnung über tierische Nebenprodukte). ABl. EU Nr. L 300/1 vom 14.11.2009
* *VO (EG) 2017/625 (2017):* Verordnung (EU) 2017/625 vom 15. März 2017 über amtliche Kontrollen und andere amtliche Tätigkeiten zur Gewährleistung der Anwendung des Lebens- und Futtermittelrechts und der Vorschriften über Tiergesundheit und Tierschutz, Pflanzengesundheit und Pflanzenschutzmittel, … Amtsblatt der EU vom 07.04.2017, L 95/1, 07.04.2017.
* *WHO (2016):* "Golden Rules" for Safe Food Preparation. https://goo.gl/DbKJTD
* *ZoonoseV (2007)* Zoonose-Überwachungsverordnung – Verordnung mit lebensmittelrechtlichen Vorschriften zur Überwachung von Zoonosen und Zoonoseerregern vom 08.August 2007, BGBl I, 2007, Nr. 39, S. 1816 vom 14. August 2007, geändert am 11. Mai 2010 durch BGBl I 2010, Nr. 23, S.612 – i. d. a. F.

Tabellen

Abbildungen

Abkürzungen und Begriffe

Abkürzung/Begriff	*Erläuterung*
aerogene Übertragung	*die von einer Infektionsquelle ausgehende Abgabe erregerhaltiger Schwebstoffe*, ihr Transport über die Luft und die nachfolgende Aufnahme durch einen anderen Wirt
Besonders empfindliche Personengruppen	Darunter versteht man Personen, deren Immunabwehr geschwächt ist (vgl. auch YOPI). Zu diesem Personenkreis gehören Säuglinge und Kleinkinder bis 5 Jahre, Senioren (insbesondere wenn ihre Abwehrkräfte geschwächt sind), Schwangere sowie Menschen, deren Abwehrkräfte durch Vorerkrankung oder Medikamenteneinnahme geschwächt sind.
BfR	Bundesinstitut für Risiskobewertung
BSE	Bovine spongiforme Encephalopathie Rinderwahnsinn Erkrankung des Rindes durch schwammartige Veränderungen des Gehirns mit sehr langen Inkubationszeiten, die tödlich endet. Auslöser sind wahrscheinlich Prionen, d. h. atypisch gefaltete Proteine. Es wird vermutet, dass zwischen BSE und der beim Menschen auftretenden neuen Variante der Creutzfeldt Jakob Erkrankung ein Zusammenhang besteht.

Creutzfeldt-Jakob-Erkrankung Sehr selten auftretende, tödliche Erkrankung des Menschen durch schwammartige Veränderungen des Gehirns.

EHEC *Enterohämorrhagische Escherichia coli.*
Diese Bakterien finden sich im Darm von Wiederkäuern wie Rindern, Schafen, Ziegen, Rehen oder Hirschen. Sie können bestimmte Giftstoffe, sogenannte Shiga-Toxine, produzieren. Die Tiere erkranken daran in der Regel nicht. Werden solche Keime aber auf den Menschen übertragen, können sie Durchfallerkrankungen mit zum Teil schwerwiegenden Komplikationen verursachen.

fäkal von Fäkalien (Ausscheidungen) herrührend

HACCP ***H**azard (Gefahr)*
***A**nalysis (Analyse)*
Critical (kritisch)
Control (Lenkung)
***P**oint (Punkt)*

HUS *Hämolytisch-urämisches Syndrom.*
Die häufigste Ursache eines HUS stellt die Lebensmittelvergiftung mit Shiga-Toxin (Synonym: Verotoxin) produzierenden Escherichia-coli-Stämmen dar (STEC; Synonym VTEC). Die Erkrankung beginnt meist mit Durchfall, zuerst wässrig, dann blutig und kann sich bis hin zu schweren extraintestinalen Manifestationen wie akuter Niereninsuffizienz, neurologischen Komplikationen und Herzver-

	sagen entwickeln. Bis zu 10 % dieser schweren Manifestationen enden tödlich.
IfSG	Infektionsschutzgesetz
Inkubationszeit	Begriff aus der Infektionslehre: Inkubationszeit bezeichnet die Zeit, die vergeht zwischen Aufnahme des Krankheitserregers und dem Auftreten der ersten Symptome der Erkrankung
Karzinogen	krebsauslösend
MHD	Mindesthaltbarkeitsdatum
Mutagen	Erbgut verändernd
oral-alimentär	mit der Aufnahme von Lebensmitteln durch den Mund zusammenhängend
RKI	*Robert Koch-Institut*
Teratogen	Fehlbildungen beim Embryo auslösend
Toxin	Gift, das von einem Lebewesen synthetisiert wird
ubiquitär	lat.: *überall verbreitet*
WHO	*Weltgesundheitsorganisation* (World Health Organization)

YOPI Steht für besonders empfindliche Personengruppen (s. da) und bedeutet:

***y**oung:*	jung
***o**ld:*	alt
***p**regnant:*	schwanger
***i**mmunsuppressed:*	immunsupprimiert

Zoonose Bei Zoonosen handelt es sich vom Tier auf den Menschen übertragbare Infektionskrankheiten und umgekehrt.

Sachregister